"つらいダイエット"を
やめたらやせられた！

ラクやせ習慣ダイエット

hazu

“つらいダイエット”をやめたらやせられた!

太っていた頃の自分のからだは、コンプレックスだらけ
だったけど、やせてからのシルエットは、自分でも驚くほどの差が。
からだだけでなく、私の人生をも変えてくれたのは、
つらいダイエットではなく、つらくないから続く、ラクやせ習慣です。

2か月で－8kg、そして…
10か月で
－12kg

ダイエット前の私

ダイエット後の私

身長151㎝
50kg

ゴツい肩は骨格のせいだと思っていたし、くびれも諦めていた……。

身長151㎝
38kg

40kgをきった頃から肩幅が狭くなってきて、似合う服がぐっと増えた！

hazu DIET

BEFORE

AFTER

短足は身長が低いせいだと思っていたけど、やせたら脚が長く見えるようになって驚き！

AFTER

BEFORE

フェイスラインは整形級に変わったし、首も長く見えるように。メイクをするのも楽しくなった。

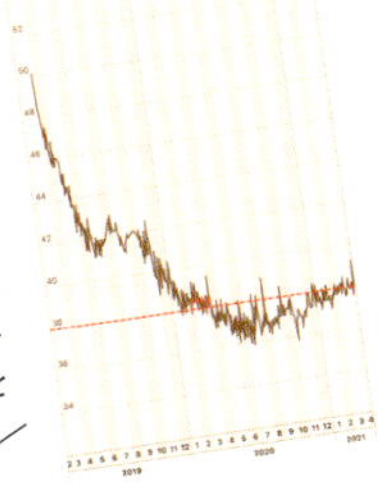

できることだけを続けたら、-12kg。今もリバウンドなし！

12kg
やせてわかった!

つらいことを頑張るよりも、ラクなことを続けるほうが絶対やせる!

私がインスタグラムでダイエット記録の発信を始めたのは、2019年10月。今では、共感やお悩みなど、日々たくさんのメッセージをいただきます。メッセージを読んでわかったのは、みんな、**「ダイエットはつらいもの」と思い込んでいる**ということ。つらいものだから、「自分には無理」といったネガティブなイメージを蓄えて、最初の一歩が踏み出せない。逆に、「ラクしたら、やせない」とストイックに自分を追い込んで、疲れてしまう……。

昔の私も、まさにそうでした。子どもの頃から、ぽっちゃり体型だった私は、太った自分から解放されたい思いがつねにあり、幾度となく「食べない」ダイエットに挑戦。一時はやせるものの、ほどなくしてリバウンド……が、

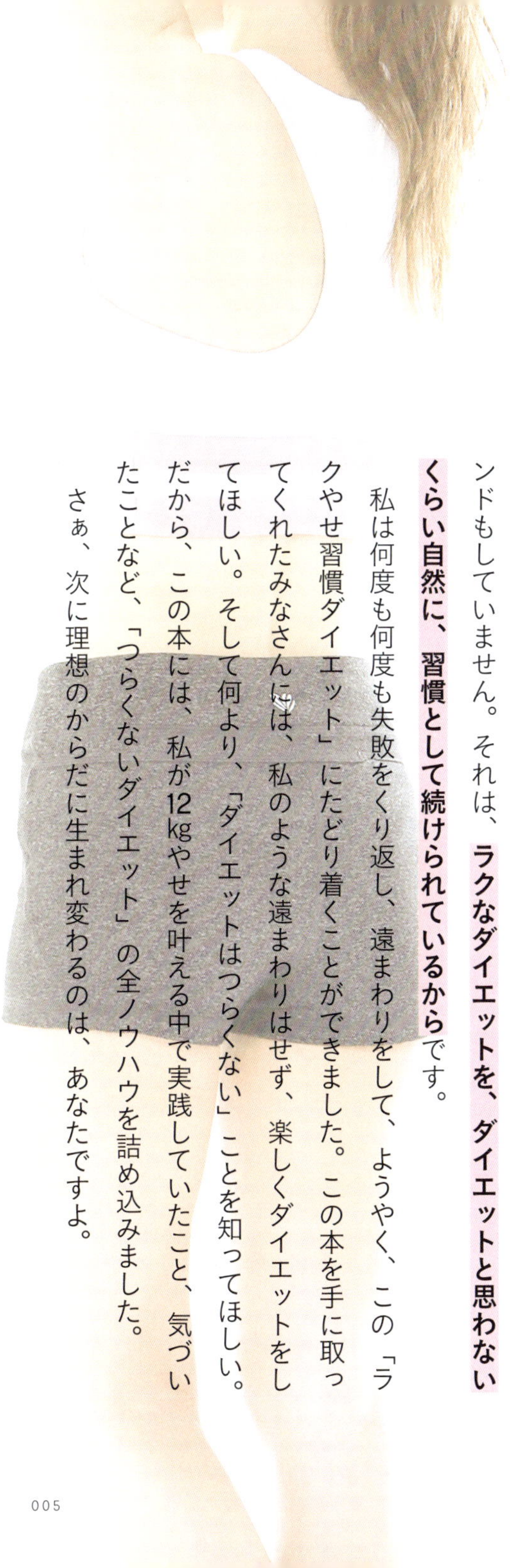

お決まりコースでした。そんな負のループの中で、「ダイエットはつらい」「しんどい」と強く思い込んでしまったのです。

でも、今回12kgやせてわかったのは、**「ダイエットはつらくない」、そして「つらいダイエットに、成功はなし」**ということ。理想の体型に到達するまではもちろん、せっかく手に入れたからだをキープするために何より大切なのは、〝続けること〟。「やせたらおしまい」にしないためにも、「ラクだから続けられる」ダイエットでないとダメなのです。

これまでリバウンド続きだった私ですが、今回のダイエットでは、リバウンドもしていません。それは、**ラクなダイエットを、ダイエットと思わないくらい自然に、習慣として続けられているから**です。

私は何度も何度も失敗をくり返し、遠まわりをして、ようやく、この「ラクやせ習慣ダイエット」にたどり着くことができました。この本を手に取ってくれたみなさんには、私のような遠まわりはせず、楽しくダイエットをしてほしい。そして何より、「ダイエットはつらくない」ことを知ってほしい。だから、この本には、私が12kgやせを叶える中で実践していたこと、気づいたことなど、「つらくないダイエット」の全ノウハウを詰め込みました。

さぁ、次に理想のからだに生まれ変わるのは、あなたですよ。

万年ぽっちゃり。同棲で盛大に太る……

そして
20歳
成人式
までに
やせる!!
おー!っ
成功!
成人式
終わったから
食べちゃおー
が、成人式が
終わった安心と
人間関係の
ストレスで
リバウンド
んぎー!!
ストレス
&
安心感
さらに彼と同棲を
スタートし……
○○くんって
いくら食べても
体重が
変わらないよね
★夜中★
in マッ●
人間って
そういうもんでしょ?
お母さんもスリムだし
食べすぎて太っていく人を
見たことがなかった彼は……
どんどん食べて
どんどん
太っていく
私を見ても
食べると
元気に
なるし
いいか
くらいの反応でした
ちょいと失礼
どーん
彼につられて
夜中に
ハンバーガーや
牛丼を
食べてるから
じわじわ太って
きちゃったな……
肌の調子も
悪い……

MY STORY

彼の出張が、私の人生を変えた!

それでは実際に
どんなことをしたのか
見ていきましょう〜!
やったこと①
体重を毎日記録する
ポチっ
とな
やったこと②
お菓子をやめる
今までは…
1日
×3本
コーラ
ポテチ
お菓子
カフェラテ
ガムシロ
×7コ
やめる!!
ぎょっ
会社でびっくりされてました
やったこと③
家の中で1日8000歩
または1時間歩く
着替えるのが
億劫だし
夜に外を歩くのは
少しこわいので
おうちの中で
たまに
ソファに足を
ぶつける
ドカッ
やったこと④
きのこ鍋を食べる
具は
ほぼきのこ
のみ!!
ほかにも
やってみたけれど
続かないことは
すべて
切り捨てました。
続くことだけに
絞って継続したら
どんどん体重が
落ちていき……
切り捨て!!
ズバッ
ズバッ
2か月後
ただいまー
おかえり〜
やせたよ!!
見て
見て〜
おおーっ
彼は
無頓着なので
たいした反応は
なかったのでした
・・・
それだけ?

CONTENTS

CHAPTER 02 やせ体質に生まれ変わる！ hazu式習慣リスト

CHAPTER 03

食べてもやせる！ ダイエット&キープ飯

【本書の注意事項】

○本書で紹介するメソッドは、病気や故障の治癒、治療のためのものではありません。また、効果には個人差があります。
○持病のある方、通院中の方、からだに痛みのある方、妊娠中の方は、医師に相談のうえ、行ってください。
○途中でからだに異常を感じた場合は、ただちに中止し、医師に相談してください。

【レシピの約束ごと】

○大さじ1は15mℓ、小さじ1は5mℓです。
○電子レンジの加熱時間は、600Wのものを使用した場合の目安です。電子レンジ、トースターの加熱時間はお使いの機種によって異なる場合がありますので、様子を見ながら調整してください。
○火加減は、とくに指定のない場合、中火で調理しています。
○カロリーは、1人あたりまたは1食あたりを載せています。「お好みで」となっている材料は含みません。

INTRODUCTION

信じる人からやせられる

ダイエットはつらくなんかない！

ダイエットを成功させるためには、土台から変わることが大切です。
「つらい」という先入観を手放し、ポジティブにスイッチしましょう。

MY STORY

インスタグラム開設。ダイエットスイッチ、再びオン！

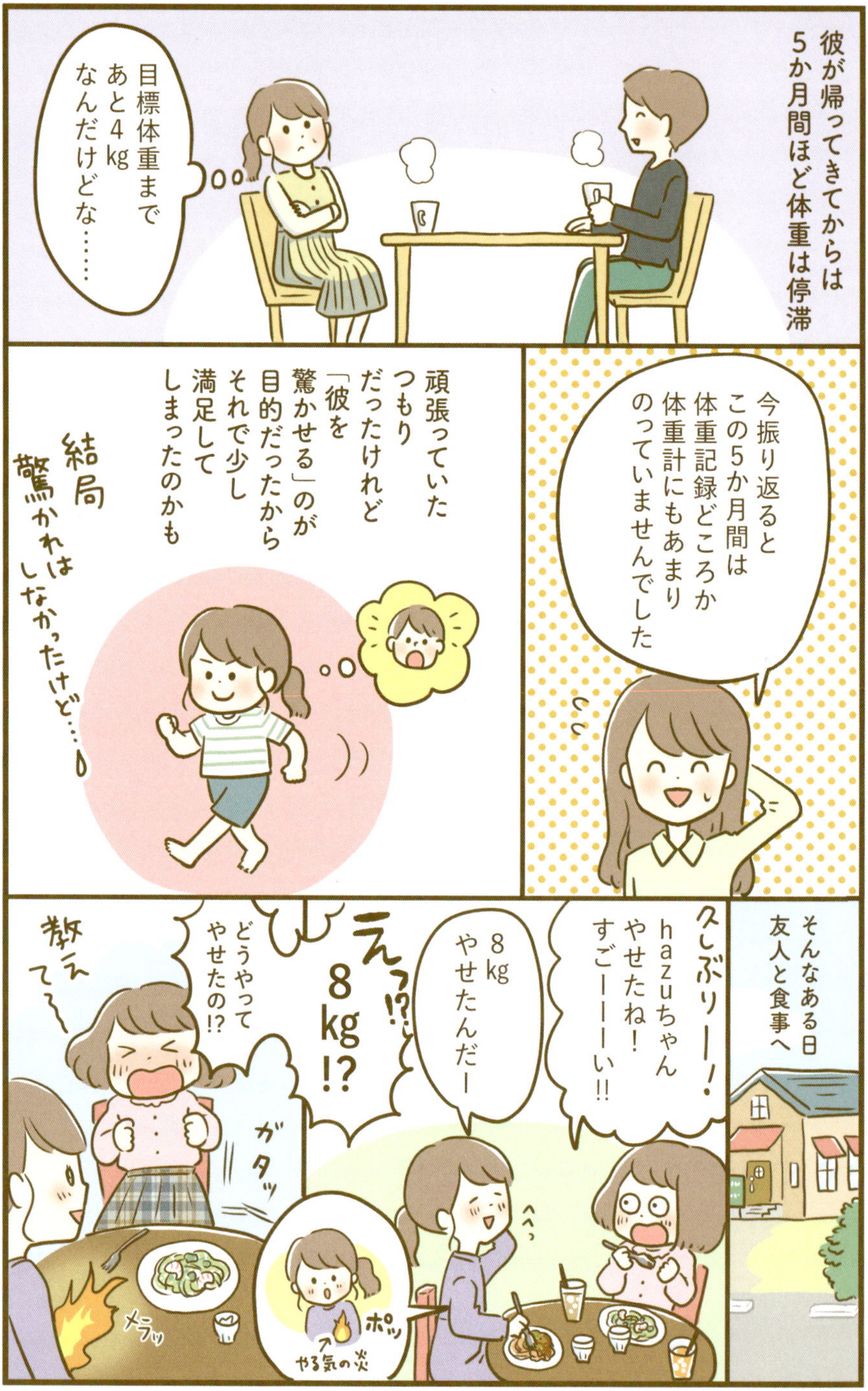

ほめられたことで
再び
やる気スイッチオン!!
ゴオオ
オオオ
みんなに見てもらえば
やる気が出るかな?
うん
うん!
あと4kgやせることを目標に
その場でインスタグラムの
ダイエットアカウントを開設
そこから1か月間は
減量ペースが
ゆっくりだったものの
ポジティブマインドで
やり過ごして……
わたしなら
できる!!
めげずに2か月間かけて
目標体重に到達!
今でも体重を
キープしています!
-12kg!

失敗しないダイエットを、みんなに伝えたい！

そんな苦しいダイエットはもうしたくない!!
ガタッ
今回は
無理せずできる習慣
無理せずできる食事管理
無理せずできるトレーニング
をする!!
hazu
宣誓!!
無理しないことを誓います!!!
これを毎日コツコツ続けたらリバウンドしないダイエットがやっとできたのです!
~♪
今日はタンドリサーモン漬けにしよーっと
スマホ見ながら脚パカ
そして気づいた
ダイエットはつらくなんかない!
はっ
私は遠まわりばかりしてやっと気づけたから
サーモン
おいしー♡
みんなには遠まわりしなくてもできるダイエット法を伝えたい!

「つらくないと、やせない」。そんな思い込みがダイエットのじゃまをしている!

「ダイエットはつらいもの」とか「つらいぶんだけ、やせる」と決めつけていませんか? 私が12kgやせてわかったのは、その思い込みがダイエットのじゃまをしていたということ。「つらいことを、自分が達成できるはずがない」と失敗する前からネガティブに陥ったり、「ラクしたら、やせない」「あれもこれも、我慢!」と、あえてストイックに自分を追い込んで、その結果、すぐに投げ出したり。そして、そんな自分にイライラして、自己嫌悪からのドカ食い……。これこそ、やせられない原因です。

だからまずは、**つらいという先入観を手放してほしい**のです。そして、ネガティブ&ストイックなマインドから、**「自分にもできる」「ラクしても、やせられる」**というポジティブマインドに切り替えましょう。この切り替えが、成功への第一歩です!

＼ ネガティブ&ストイックが失敗の原因に… ／

やせられない人にありがちな考え方と行動

ネガティブ

「自分には無理」とやる前から諦めている

ネガティブ

体重が減らないだけで気分がダウン

ストイック

「ラクしてやせられるわけがない!」と思っている

ストイック

食べることが好きなのに、食べることをひたすら我慢……

その結果……

自信喪失&イライラで

ドカ食い。

いちばん大事なのは、マインド。考え方が変われば、行動が変わって、からだが変わる！

ダイエットがうまくいかない人がやりがちなのが、いきなり食事管理やトレーニングに目を向けること。それよりも**まず、やるべきは、マインドを変えること！** ネガティブな心持ちのままでは、途中で挫折してしまう可能性大。逆にポジティブになれれば、自然と行動も変わる。ダイエットがラクに続くようになり、からだも変化していきます。まずはマインドを変え、習慣を変え、そのうえで食事やトレーニングを変えていきましょう。

ここがいちばん大事！
まずはネガティブ＆
ストイックなマインドを
払拭しよう。
ドス
ネガティブ
&
ストイック

STEP 1

マインドを変える

CHAPTER 01 / P25へ

STEP 4

ボディラインを変える

CHAPTER 04 / P107へ

STEP 3

食事を変える

CHAPTER 03 / P69へ

STEP 2

習慣を変える

CHAPTER 02 / P47へ

フォロワーさんからいただくコメントは、
励みになります！

hazuさんのインスタと出会い、
12kgの減量に成功しました！
自信を持てるようになったことが、いちばん嬉しいです！

hazuさんの投稿を見ると、
日々のダイエットに熱が入ります！

2か月半で目標体重に！
正直言って、こんなにやせられると思っていませんでしたが、
hazuさんが短期間でやせたのを見て、信じて頑張りました。

hazuさんの考え方のおかげで、
自分を責めなくなりました。

初めて、ダイエットが2か月半続いています。
hazuさんの言っていることの意味がわかってきました。

hazuさんを参考にダイエットを始めました！
これまでは失敗ばかりだったけど、続いています！

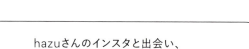

CHAPTER

01

ネガティブ&ストイックな自分にさようなら

「ダイエット＝つらい」の思い込みを手放す！10のマインドセット

ファーストステップは、マインドを切り替えること！
ダイエットのじゃまをする、考え方のクセをリセットしましょう。

やせるマインドセット 01

『人と比べても意味がない。比べるのは、過去の自分だけ！』

「あの人は食べても太らない」「なんで自分ばかり太るの」と、他人を羨《うらや》んだり、比べたりして自分を責めてしまう。昔の私も、まさにそうでした。でも、**人を羨んでも、比べても、自分のからだは何も変わらない。**それに、生まれつき細いように見える人も、じつは陰で努力しているかもしれません。私には、出会った頃からスタイル抜群の友人がいます。太っていた頃の私は、そんな彼女のことをずっと「生まれつき細くていいな」と羨んでいました。でも、それは勝手な思い込みでした。彼女は見えないところで、めちゃくちゃ頑張っていたんです。そのことを最近知り、当時の自分がすごく恥ずかしくなりました。「私とは根本が違う」と勝手に決めつけ、**自分がやせない言い訳にしていただけ。**本当の背景も知らないまま比べるなんて一層、無意味ですよね。だから、比べるなら他人じゃなくて、過去の自分にしましょう。私はよく、太っていた頃の写真と、今の自分を見比べます。写真を見ると、自分のこれまでの頑張りがわかるし、「やってきたことは間違いじゃなかった！」と思えます。他人と比較してもいいことはないけれど、過去の自分との比較なら、**からだの変化も実感しやすくて、モチベーションも上がるはず。**

『ダイエットの失敗は、
やせられない
ことではなく、
続けられないこと。』

さまざまなダイエットを経験してはっきりわかったのは、**「継続こそが、いちばん大事」**ということ。そして、継続なくして成功はない！　というのも、ダイエットは一時やせればOKではなくて、やせたからだをキープしなければ、意味がありません。過去の私のようにリバウンドしてしまったら、また一からやり直しなのです。どうして私は、リバウンドばかりくり返していたのか……。それは、**その場しのぎのこと、つまり「続けられないこと」ばかりやっていたから。**当時の私は、「食べないダイエット」メイン。一気に体重は落ちるけれど、当然、続かないからすぐに戻ってしまいます。

体型維持には、継続が不可欠。だから、ダイエットにおいて何より大切なのは、「自分が続けられるもの」を見つけること。それが何かは、本当に人それぞれです。私は運動が苦手だから、ハードなトレーニングは続きません。でも、ヘルシーでおいしい食事を作ることは得意だから、つらくない。これなら続けられるし、続けていたら、やせることができた！　だから、**「何をすればやせるか」ではなくて、「何だったら続くか」を意識してほしいんです。**大事なのは、「やせること」じゃなくて「継続すること」だから！

「責めても、悩んでも、
体重は減らない。
だったら、
**楽しんだほうが
いいよね。**」

「食べてしまった、どうしよう」「食べなければよかった」。昔の私は、こうやって落ち込んだあと、「ダイエット、もうや〜めた！」となっていました。

ダイエット中だって、せっかく友だちや家族と外食するなら、楽しく食べたいですよね。だから私は、行くと決めた食事会では、**暴食はしないけれど、必要以上に食べものを避けたり、気にしたりしない**ようにしています。だって、せっかくの楽しい時間なのに、「食べたら太る」とばかり考えていたら、つまらないし損した気分。それに、食べることが大好きな私は、おいしいものが目の前に並んでいれば、どうしても口にしてしまうのです。**どうせ食べるんだったら、割り切って、楽しくおいしく味わったほうがいい！**　そして、次の日に体重が増えていたとしても落ち込まない。「食べなければよかった」と後悔するより、「昨日は楽しかったな〜」と思うほうがハッピーだし、その気持ちが「さぁ、今日からまた頑張ろう！」というやる気につながります。

大事なのは、食べたあと。食べた事実は変わらないし、後悔したって体重は減りません。だったら、**悩み、落ち込むことに時間を費やすより、からだを動かしたり、自分が変われることを1つでもやったほうがいいですよね！**

やせるマインドセット 04

『あれもこれも、
やろうとしない。
できないことは
捨てる勇気を持とう。』

「とにかく早くやせたい」「すぐに結果を出したい」。そんな気持ちから、あれもこれもと、手を出していませんか？　筋トレもランニングもしよう、3食しっかり食事制限、サプリもマッサージもストレッチも……なんて、考えただけでもしんどいですよね。焦るがゆえ、**「あれこれやったほうが、早くやせるんじゃないか」とか、さらに言えば「あれもこれもやらないと、やせない！」とか、そんな思い込みに縛られている人は多いです。**昔の私もそうだったから、気持ちはすごくよくわかります。でも、これこそ挫折の原因。

一気にいろいろやれば、当然しんどい。それゆえに面倒になり、最初は意気込んだものの、だんだんやらなくなってしまう……。また、できなかったことが1つでもあると、そのたびに落ち込んでしまう人もいます。そんな人がむやみに、**やることの数を増やせば、できないことの数も増え、結果、落ち込む回数も増えてしまう。**これが重なれば、ダイエット自体が嫌になってしまうのは自然なこと。だから私の場合、最初は「食事のコントロールだけ」に絞りました。それが習慣として根づいてから、簡単な筋トレをプラス。一度に欲張るのではなく、1つずつクリアしていくことが大事です。

『続かないのは
意志が弱いからではなく、
やり方が合わないだけ。
つらいことはやめて、
さぁ、次にいこう！』

「意志が弱くて続かない」「どうすれば意志が強くなれますか?」。そんなお悩みを、よくいただきます。**ダイエットに多少の「意志の強さ」は必要だけれど、それがやせない理由ということはありません。**それよりも、やり方が合っていない可能性のほうが高いし、じつは、意志がすごく強い人やストイックな人のほうが挫折しがち。**つらいことを無理に頑張ろうとして疲れてしまったり、できない自分を責めて負のループに陥りやすいからです。**

それから、ダイエットが続かないからといって「意志が弱い人」とか「継続できない人」では決してない! だって、毎朝早起きして、会社に行って、きちんと仕事をして……。それを続けることのほうが、よっぽどすごいし、そのルーティンをこなせる精神力があるなら、ダイエットも続けられるし、絶対やせられます。「続かない」のは、そのやり方が自分に合っていないだけのこと。まわりの人がやせた方法や、流行《はや》りのダイエット法が自分に合うとは限らないし、それができないからといって意志が弱いわけじゃない! **ダイエットに回数制限はありません。何度でもやり直せるし、やり方はいくらでもある。**できないことに執着せず、さぁ、次のことを試しましょう。

『三日坊主は、
自分に合った
ダイエットを見つける
ための過程。』

「hazuさんは三日坊主の経験なんて、ないですよね？」と言われることがありますが、とんでもない！ **数えきれないほどあります。** バストマッサージは3日と続かなかったし、すぐ飲まなくなったサプリも、たくさん。

結局、私が続けてきたのは「自分にとって、つらくないこと」だけ。いろいろと試した中で、苦痛なこと、面倒なこと、つまり **「三日坊主に終わったこと」を振るい落としていったら、できることだけが残りました。そして、それを続けていたら、やせられた。** 三日坊主というと、ダメな印象を持つかもしれないけれど、見方を変えれば「自分に合ったダイエット法を探す過程」だと思うのです。たくさん試せば、そのぶん三日坊主なことが増えるのは当然だし、それが1つ増えたということは、自分に合う方法がより見つけやすくなったということ。だから、続けられないことなんて、やめていい！ 三日坊主をくり返していれば、自分にとって最良の方法に必ずたどり着けます。

三日坊主な自分を責めてしまう人もいるけれど、過去の自分は3日すらやっていなかったわけです。**3日できたら、それだけ自分が進歩したということ。** 何もやらなければ何も変わらないけれど、試したぶんだけ前進です！

「完璧じゃなくていい！
できることを続ければ、
絶対やせる！」

ウォーキングよりランニングのほうが、短時間でカロリー消費できる。わかってはいるけれど、運動嫌いの私が毎日走るなんて、しんどくてすぐギブアップ。きっと続けることができないのです。

ダイエットは、「０」か「１００」じゃない。**１００じゃないと、やせられないなんてことはないし、50でも10でも、たとえ1でも続ければ、からだは確実に変わる。**だから私は、つらいランニングではなく、無理なく続くウォーキング派だし、食事も自分が続けられる方法でコントロールしています。

誰にだって苦手なこと、できないことはあります。

まずは自分の苦手をしっかり受け止めて、そのうえで、できることをできる範囲で少しずつ実行・継続していくことが、ダイエットを成功させるためのコツです。

とくに完璧主義や真面目な人は、１００を求めがちだけど、１００ができないからといってやめてしまえば、当たり前だけど1にもなりません。**全部やろうとか、完璧にやろうとしなくていい。自分の最善を尽くせば、ＯＫ！**そういうマインドに切り替えていきましょう。

やせるマインドセット 08

『目的は〝やせること〟じゃない。
ダイエットは、
目的を叶えるための
手段のひとつ。』

ダイエットを始めたのは、「やせたその先の目的」があったからだと思います。たとえば、「きれいになりたい」「自分に自信をつけたい」「あの洋服を着たい」「好きな人にほめられたい」……。でも、**ダイエットに夢中になりすぎると、本来の目的を見失ってしまうことがあります。**すると、〝やせること〟だけにとらわれて、自分を追い込んだり、責めたりしてしまいがち。

また、やせただけで満足してしまう、ということもよくあります。昔の私も、いつの間にか、やせることが目的になってしまい、なかなかやせない自分を責め、必要以上にストイックに追い込み、やせればそこで終了。**目標体重になった途端にダイエットをやめ、すぐもとに戻ってしまっていたのです。**

やせることは、目的を叶えるための手段の1つ。もしダイエットに失敗しても、目的への道は、ほかにもあります。だから、自分を追い詰めすぎないでくださいね。とはいえ、目的を叶える手段として「ダイエット」を選んだのも事実。やせたらきっと叶う、理想に近づけるという思いから、ダイエットを決意したはず。そのことも忘れてほしくないのです。**つらくなったら、理想を叶えた自分を思い浮かべて、楽しみながらダイエットに励みましょう。**

『ダイエットの頑張りで得たものは、一生モノのマインドや知識に。』

私は12kgやせるのに、約10か月費やしました。長い人生で考えれば、ほんのわずかな時間です。でもこの間に、**人生が変わるほど多くの学びを得たと思います。**太っていた頃は、人と比べたり、自分のコンプレックスを気にしては落ち込む……、そのくり返し。でも、変化した見た目や、「やせられた」という成功体験によって自分に自信がついたし、頑張れば結果が出ることがわかり、**生活も人間関係もポジティブに考えられるようになったんです。**

それから、食べものやからだの知識も自然と身につきました。たとえば、ペットボトル1本の炭酸飲料には、両手からこぼれ落ちるほどの砂糖が入っています。昔は、そういった知識もまったくなし。何も知らないから、何の抵抗もなく毎日2〜3本飲んでいました……。ほかにも、普段食べていたものが、いかに太る原因になっていたかがよくわかったし、栄養のこと、食材の使い方、からだの仕組みなども自然とインプットできました。

これらは、ダイエットに限らず、生きていくうえで、とても役立つ情報。**ダイエットはやせる以上のことを与えてくれるし、自分を成長させてくれる！**絶対やってよかったと思えるはずだから、一緒に頑張りましょうね。

やる気がわかないときは、
とりあえず動く！
やってはじめて、
やる気は出るもの。

なんだか、やる気が出ない……、そんな日ってありますよね。フォロワーさんからも、こういったコメントをよくいただきます。そんなときは、**まずは簡単なトレーニングを、5回でいいからやってみましょう！** とりあえずからだを動かせば、不思議とやる気が出てくるし、「気づいたら5回をとうに超え、10回、20回……と、やっていた」というのは、よくあること。

そしてこれは、ダイエットそのものにもいえます。**「ダイエットを始めたいけれど、やる気が出ない」という人も、とりあえず気軽な気持ちで、何か1つだけでも始めてみてほしいんです。** 最初の一歩を踏み出せば、自然とやる気がわいてきます。階段だって上り始めたら、もうちょっと上まで行ってみようという気持ちになりますよね。ポイントは、家の近所を5分歩いてみるとか、ストレッチを1日3分とか、**超簡単なものからスタートすること。** 階段の最初の1段目が高いと、「きつそう」「上りきれないかも」と、踏み出す手前で引き返してしまいがち。だから、1段目は低くていいんです。

やる気は、あとからついてくるもの。やる気が出ないからといって何もしなければ、一歩も半歩も進みません。だから、とりあえず「やる」一択！

＼ まだまだ、ある！ ／

みんなが“いいね♡”してくれた、
hazu式マインドセット

ダイエットそのものに疲れているのではなく、“できない自分”に疲れている。

「つらい」「疲れた」と思うとき、ダイエットがしんどいというより、「自分にはできない」「自分はダメなやつ」というネガティブな考えがかけ巡っていることが多いはず。まずは、つらい気持ちをリセットしてみて。きっとダイエットそのものは、つらくないことに気づけるはず！

1日でやせられないのと同じで、たった1日食べすぎたからって、太らない！

一度、暴食してしまったら「もう、ダイエットおしまい！」なんて、もったいない。1日食べすぎたからって太ることはないし、次の日の食べる量を調整すれば問題なし！　1年かけて太ったなら、1年かけて戻すマインドで、1日の出来事は「誤差」と捉えましょう。

骨格は変えられない。でも、“見た目”なら変えられる。

ずっと、「短足なのは身長が低いから」「肩幅が広いのは骨格のせい」と思っていました。でも、やせて、からだの横幅が狭くなると、錯覚によって、脚も長く、肩幅もコンパクトに見えるように。やせたら、細く、軽くなるだけじゃない。嬉しい効果はたくさんあります！

ストレス発散に効くのは、ジャンクフードの暴食よりも、いいものを大切な人と味わうこと。

私も、暴食の経験は何度もあるけれど、ストレス解消どころか、残るのは後悔だけなんですよね。だから、暴食にストレス発散の効果はなし！　それよりも、本当においしいものを友人や家族とゆっくり味わうほうが、絶対おすすめ。楽しい時間を過ごせば、嫌なことも忘れられます。

ダイエットと距離を置くことも、ときには大事。疲れたときは無理をしない。

停滞期などは、体重がなかなか落ちないことも。すると、モチベーションが下がったり、疲れてしまったりしますよね。そんなときは、あえてお休みすることも大事。サボるわけではないので、もちろん自分を責める必要もなし。ひと呼吸ついて、やる気が出たら再開すればいいんです。

CHAPTER

02

「頑張る」よりも、「続ける」ことに意味がある

やせ体質に生まれ変わる！ hazu式習慣リスト

日常に「やせ習慣」が定着すれば、自然とやせる体質に！
どんなに小さなことだって、続ければ、からだも気持ちも変わります。

MY STORY

これじゃあ、太るのも納得。あの頃の習慣に仰天！

〝やせるために当たり前〟なことの中から
自分が無理せずできることを少しずつ実践しよう
毎日、全身鏡で体型チェック
野菜から食べる
おやつは200kcalまで
チョコ
アイス
エレベーターではなく階段を使う
ダイエットは「我慢」と思っていたけど自分にとって無理なくできることしかしていないのでつらくありませんでした！
高すぎるハードルを飛び続けるのはつらいけど……
ムリ…
無理なくできることだけやったらやせました！
ハードルは低く!!!

ダイエットは期間限定のイベントじゃなくて、一生続く習慣

スリムな人に「何か特別なことをしているの？」とたずねると、「していないよ」という答えが返ってくることって、よくあります。でも、くわしく聞いていくと、運動もしているし、食事もヘルシー、ほかにもあれこれやっていたり……。だからといって、決して隠していたり、嘘をついていたりするわけではないと思うんです。なぜなら、**太っている人にとっては〝特別〟なことでも、やせている人にとっては、歯を磨くことや、顔を洗うのと同じように〝当たり前〟の習慣だから。**

一方、太っていた頃の私は、毎日、甘い炭酸飲料を2～3本、コーヒーにはガムシロップ7個、スナック菓子や深夜のジャンクフードも日常でした。やせた今ならば、これらが太る要因であることはよくわかるのですが、当時の私に、その意識はまった

くなし！　やせた今では〝特別〟に思えるこれらの習慣が〝当たり前〟だったのです。

こんなふうに、**太っている人とやせている人では、「習慣」に違いがある**というのも、やせてわかったことの1つ。「やせ習慣」と「太る習慣」のどちらが日常の〝当たり前〟になっているかで、からだつきは大きく変わります。**1つ1つは小さなことでも、それが毎日積み重なれば、当然、大きな差になっていくからです。**

CHAPTER1でもお伝えしたように、ダイエットでいちばん大事なのは「続けること」です。どんなダイエット法も、すぐにやめてしまえば効果は出ないし、目標体重に到達できても、そのあと続けられなければ、すぐもとに戻ってしまいます。

さらにお伝えしたいのは、ダイエットは「期間限定」でやるものではなく、「一生続けていくもの」ということです。

「一生ダイエット！」と考えると、しんどいかもしれません。でも、前述のスリムな人のように、歯磨きや洗顔と同じ感覚でダイエットができれば、どうでしょうか？　しんどくないし、逆にやらないと落ち着かないと思います。きっと彼女たちにとっては、連日のお菓子やジャンクフード、運動なしの生活のほうが、つらくて続かないはず。今の私も、甘い炭酸飲料を毎日3本飲むなんて、考えただけでしんどい……。

「やせ習慣」の〝当たり前〟化は、ダイエットにおいて、はずせないポイント。それだけで、息をするようにやせていくのだから、取り入れない手はありません。

何かを「我慢」ではなく、やせるためにできることをプラスしよう！

前のページでお伝えしたように、「太る習慣」を「やせ習慣」にスイッチできれば、自然と体重は減っていくし、細くなったからだをキープすることができます。でも、これまで続けていたことを、突然「きっぱりやめる！」のは、なかなか難しいもの。それに「お菓子は食べちゃダメ、お肉や揚げ物も我慢……」という禁止事項ばかりの〝引き算式ダイエット〟では、ストレスがたまっていく一方。その結果、ダイエット自体をやめてしまったり、反動で暴食に走ってしまったり……。**「ダイエット＝我慢」と思っている人も多いのですが、我慢しすぎは、じつは逆効果。必要なのは「我慢」ではなく、「我慢をしないための工夫」なのです。**

たとえば、「お菓子は食べない」と無理をするのではなく、食べるぶん「運動をする」

とか「お風呂で汗をかいて代謝を促す」などして、カロリー消費すればいい。低カロリーのおやつに替えて、摂取カロリーを抑えるという選択肢もありますね。

ダイエットは「一生続けていくもの」だから、過度な我慢は禁物。苦手なことを無理してやるのも、おすすめしません。**ただ、自分ができることを〝足し算〟していくだけでいい。**私はまず、お茶や水、炭酸水を飲む習慣を取り入れました。「甘い炭酸飲料をやめる」と考えると気が滅入《めい》るけれど、「お茶や水を飲む」ならば、しんどくない。水分をとる回数が増えたことで、甘い炭酸飲料を飲む機会も自然と減りました。

P56からは、私がダイエット中に取り入れていた「やせ習慣」の例をご紹介していきます。**全部やる必要はありません。自分ができそう、無理なく続けられそうと思うことを選んで、ぜひ日常にプラスしてみて。**白湯を飲む、食べたものを記録する、階段を使う……。簡単な項目も多いから、「本当に、こんなことでやせるの？」と思うかもしれません。でも、これまでは、〝こんなこと〟さえもやっていなかったわけですから、1つでも取り入れれば、確実に効果あり！　ちょっとした習慣をコツコツ続けていけば、からだは変わるし、意識や価値観も変化していきます。すると、最初は「ちょっとつらいかも」と思ったことも、ラクにできるようになっていきます。

1つの習慣が無意識でも続くようになったら、さらにもう1つ、と増やしていきましょう。次第に、「太る習慣」を遠ざけ、「やせる習慣」が当たり前になってくるはず。

やせ習慣を定着化するコツ

次のことを意識すると、「やせ習慣」を続けやすくなります。ぜひ参考に！

いつもしている行動とセットにする

歯磨き中にトレーニング、入浴中にマッサージ、通勤時は階段など、「日常生活の行動×習慣」をセットにして組み合わせてみて。時間も有効に使えるので取り入れやすく、続けやすいです。

一気に変わろうとしない

すぐに目に見える変化はなくても、からだは少しずつ変わっています。急いだり、焦ったり、短期間で結果を求めるのは失敗のもとです。自分を信じて、気長にゆるく実践していきましょう。

紙に書いて、見えるところに貼る

習慣化しようと思っているのに、うっかり忘れてしまうことも。それを防ぐために、やるべきことを紙に書き、トイレの壁やドアなど、毎日必ず目にする場所に貼っておくのも、おすすめ。

欲張らない、急がない！

習慣は、1つでもいいから続けることが重要です。早く結果を出したいからといって、1日にたくさんのことをやろうとすると、疲れてしまい、どれも続きません。欲張らないことが大事！

誰かに宣言する

ダイエットの決意を誰かに宣言することで、「途中でやめられない」「必ず達成しなきゃ」という気持ちが自然にわいてきます。応援してもらえれば、モチベーションもさらに高まるはず。

小さな変化も楽しむ

わずかだけど細くなった、筋トレを昨日より多くやった、お菓子が1かけら減った。小さい成長も楽しんでいきましょう。その変化が毎日続けば、1週間後は7倍、1か月後は30倍です。

習慣化できた自分を想像する

やせた自分、きれいになった自分、おしゃれを楽しむ自分を想像してみて。そのためにも、何のためにダイエットをするか、やせて何をしたいかなど、目的を明確にしておくとよいですね。

できなくても落ち込まない

習慣が続かなくても、落ち込む必要はなし！　自分ができることだけやればいいし、たまにはサボる日があってもＯＫ。いちばんの問題は、落ち込んで何もやらなくなってしまうことです。

＼ できることだけやればいい！ ／

次の3ステップで、やせ習慣を取り入れよう

P56からの「hazu式習慣リスト」を、左のステップで取り入れていきましょう。
一度にあれもこれもは、ご法度！ まずは、3個くらいからトライして。

Step 1

まず、P56〜68の習慣リストから、できそうなことを数個チョイス！

“続けられそう”を基準に、3個ほど選びましょう。一気にたくさん選ぶと、しんどくなる原因に。大事なのは、たくさんやることではなく、1つでもいいから続けることです。

Step 2

続かないことはやめてOK! できることだけ、そのまま継続して。

試して三日坊主だったことは、やめてOK。別のことを試して、それもまた続かなければ、さらに別のことに挑戦して。これをくり返しながら、続けられることを見つけましょう。

Step 3

無意識でも続くようになったら、ほかの習慣をプラスしよう！

取り入れた習慣が、無意識でも続くようになったら、もう1つプラス。「続かなければやめて、ほかのものを試す」をくり返しながら、やせ習慣を少しずつ増やしていきましょう。

＼ あれもこれもやろうとするのは、失敗のもと！
大事なのは、習慣を増やすことではなく、1つでもいいから続けること。 ／

hazu式習慣リストを check!

朝いちばんに コップ1杯の白湯か 常温の水を飲む

朝、寝起きに水を飲むと、腸の動きが活発になるそう。だから、**ダイエットの大敵である便秘にも効果的です。**便秘になると、血流が悪くなって代謝が落ちるし、むくみやすくもなるし、いいことはありません。

暑い時期は、つい冷たい水を飲みたくなってしまうけど、**白湯か常温がおすすめ。**冷水は胃腸を冷やして、代謝を下げてしまいます。

こまめに 水分をとる

体内の水分が不足すると、**血液の循環やリンパの流れが滞り、代謝が悪くなったり、むくみやすくなる**といわれています。だから、1日を通して、こまめに水分をとることがおすすめ。ただ、飲みすぎると逆効果になることも。

「1日2ℓ」という話をよく耳にするかもしれませんが、一概にそうとはいえません。体格や運動習慣、環境によって失われる水分量が違うので、適量も人それぞれ。**からだが冷えたり、おなかが膨れるまで飲むのはNG。**のどがいつも潤っている程度に、適度に水分補給する習慣をつけましょう。

毎日、全身鏡で 体型をチェック

体重は変わっていないけれど、鏡を見ると「脚がほっそりした」「おなかが薄くなったかも」ということは、よくあります。体重ばかり気にしてしまう人も多いけれど、鏡での全身チェックを習慣にすると、**体型の変化に敏感になり、少しの違いでも実感しやすくなるので、モチベーションアップにつながります。**全身鏡がない人は、ぜひ用意してみて。

体重を記録する

体重計にのることさえサボっていたとき、私は50kg超えに……。計測自体を習慣化することは大前提ですが、さらに記録もすれば、**変化を自覚しやすくなり、やる気も格段にアップ。**私は、スマートフォンのアプリで記録を管理していました。グラフ化できるので、日々の増減や、長期的な変化も一目瞭然。「旅行中に増えた」「きのこ鍋を取り入れたら、やせ始めた」など、行動と照らし合わせられるので、体重コントロールもしやすくなります。

計測は、毎日同じ時間帯に行いましょう。1日の中でも、食事の前後はもちろん、朝と夜でも変化します。条件をそろえて、より正しい比較を。

Recommend APP

ハミング ダイエットカレンダー

日々の体重をカレンダーで管理することができます。シンプルで見やすく、変化がひと目でわかる！

体重が落ちなかったときは、記録もしてなかった。

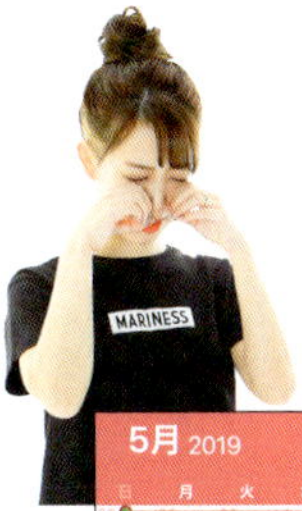

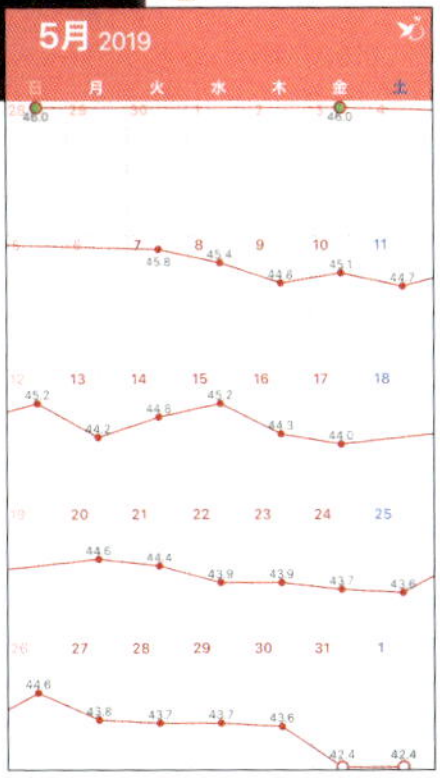

ダイエット２か月目の５月。ウォーキング、きのこ鍋、半身浴を継続中。体重はゆるやかながら減少しています。

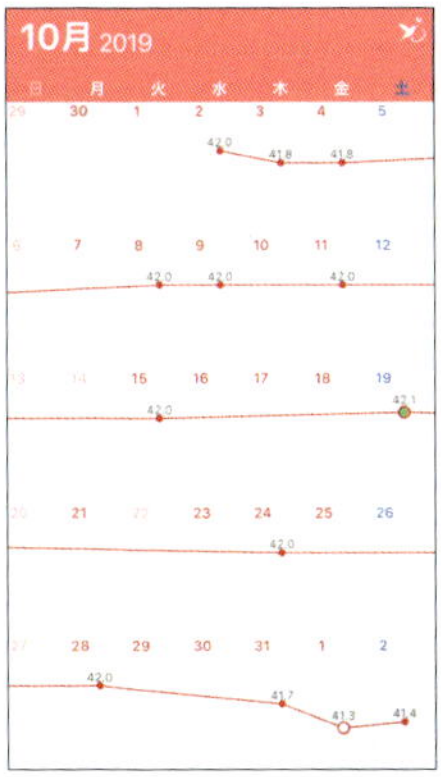

この頃は停滞期。記録しないと変化に鈍感になり、モチベーションも下がっていたことを、あとから実感。

Simple Diet

１日何回でも記録することができます。計った体重に、ひと言添えられるメモ機能も。

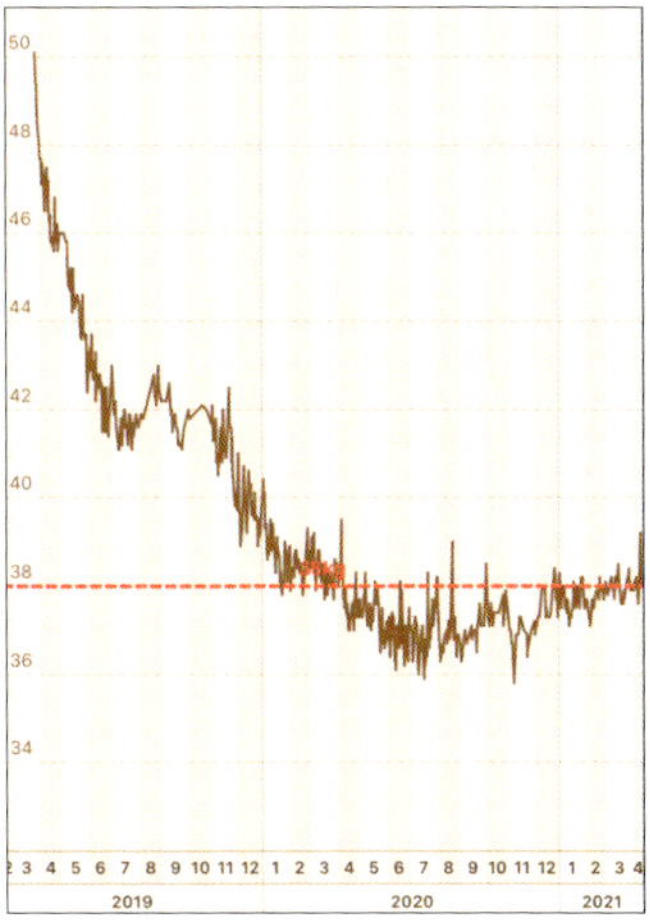

私は毎日２回、朝のトイレ後と夜の半身浴後に体重を計っていたので、２回とも記録していました。

食物繊維をたくさんとる

便秘は、絶対ダイエットの敵！　便秘が続くと代謝が下がるし、脂質や老廃物をため込みやすくなって、やせにくくなってしまうそう。便秘にならないためにも、食物繊維をとる習慣は大事です。

食物繊維は、**きのこや野菜、発酵食品、玄米、海藻類など**に豊富に含まれているので、とりやすい食材からとればOK。もし野菜が苦手ならば、発酵食品や海藻でまかなえばいいし、**サプリメントや食物繊維入りの飲料など**を活用するのも手です。

私は、ダイエット中はきのこ鍋でたっぷり食物繊維をとっていたので、お通じの悩みはゼロです。

左上は、牛肉と長いものすき焼き風炒め。長いものほか、小鉢のオクラや汁物のきのこなども、食物繊維たっぷり。

減量中は、野菜たっぷりの食事を。豚汁には、食物繊維が豊富なさつまいもをプラス。コクも出て、おいしさアップ。

カロリーを計算する

食べる量をコントロールするためには、**目標や基準をつくることが必須**です。何も意識しなければ、欲望のままにたくさん食べてしまうし、太りやすい食べものにも平気で手を伸ばしてしまいます。

私の場合は、カロリー基準。糖質でもいいのですが、カロリーのほうが目につきやすいところに書かれていることが多いので、カロリーをチョイス。基礎代謝くらいのカロリーを目標にしていて、**この数字をオーバーしなければ、ジャンクフードやお菓子もOKに。**

ちなみに、カロリーと糖質、両方を基準にするのは、おすすめしません。面倒だし、混乱のもとに。

Recommend APP

あすけん

カロリー計算のほか、栄養バランスのグラフ表示、管理栄養士のアドバイスも無料で届きます。

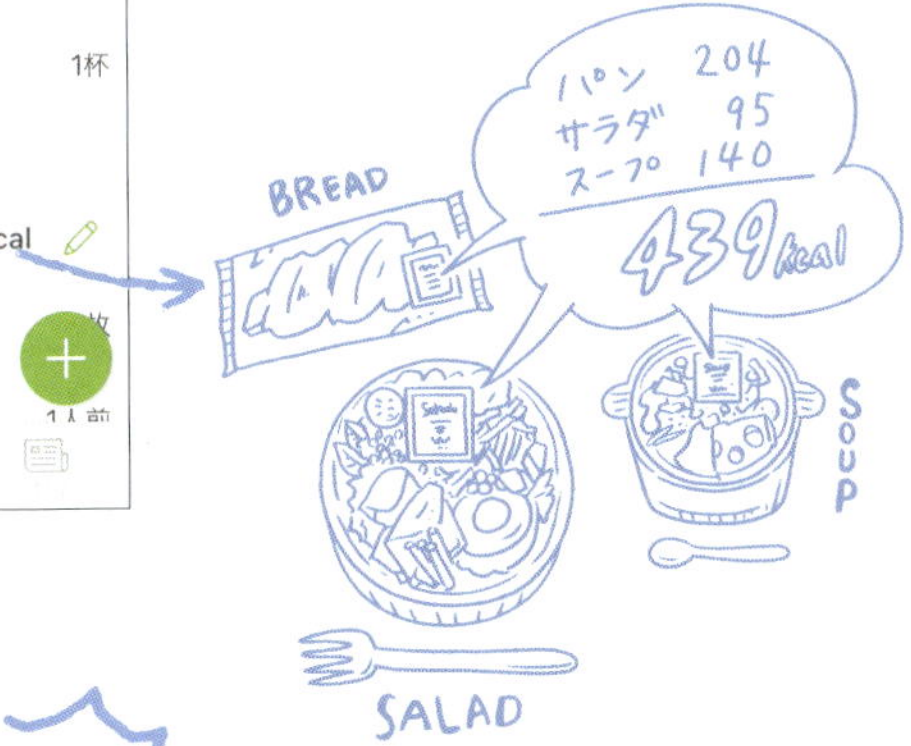

太っていた当時の、1日の食事がこちら。無意識のうちに、高カロリーな食べものばかりを選んでいました。

食べたものを記録する

カロリー計算など、数字管理は苦手という人は、**食べたものをメモしたり、写真に撮ってチェックするだけでも意識が変わります。**

私もそうだったけれど、太っている人は、自分の食事や行動が〝特別〟だと思っていません。だからこそ、なぜ太るかが、わからない……。でも、昔に撮った写真に写る1日の食事や間食を見返してみると、「太るのも納得！」の量と内容。これが連日続いていたかと思うと、ぞっとします（笑）。**まずは、自分の「太る習慣」に気づくことが大事。**そうすれば、意識が変化し、自然と今の習慣を見直したくなるはず。

P59で紹介したアプリ「あすけん」には、**食事の写真を登録すると、画像解析してカロリー表示してくれる機能も。**数字でチェックするもよし、写真を見て視覚から意識を変えるのもよし！　自分に合った使い方で続けて。

野菜から食べる

炭水化物から食べ始めると、**血糖値が急激に上がることで、からだに脂肪がつきやすくなる**といわれています。それを避けるために、まずは野菜から食べるようにすると◎！

だからといって、「野菜のおかずを完食してから、ほかのものへ」と決めると、ハードルが高くなってしまいます。**「味噌汁やスープの具材に手をつけてから」や「サラダを3口食べてから」**など、自分が〝これくらいならできる〟レベルで、「野菜から」を取り入れてみて。

よく噛んでゆっくり食べる

「噛まずに、まるで飲み込むようなスピードで食べてしまう」。時間がなくて、つい、こんな食べ方になってしまっている人も多いはず。でも、**もっと心配なのは、「早食いになっていることにも気づいていない」人です。**

まずは、自分が食べる様子をじっくり観察してみてください。思いのほか、速いスピードで食べている自分に驚く人は多いはず!

よく噛んで食べると、脳の満腹中枢が刺激されるため、満腹感を感じやすくなるそうです。だから、**自然とおなかがいっぱいになり、食べる量も減ります。**逆に食べるスピードが速いと、満腹感をなかなか感じることができず、その結果、食べすぎてしまうことに。また、よく噛めば、胃腸への負担もかかりにくいので、便秘にもなりにくいそう。ゆっくり味わうだけで、メリットはこんなにたくさん!

食事のときの飲みものは、水かお茶に

今でこそ、炭酸水やお茶を常飲していますが、太っていた頃は、食事のときも甘い炭酸飲料。でも、ダイエットを機にお茶に替えてみたら、意外と平気でした。つまり、**「炭酸飲料がないとダメ」でもないのに、習慣化してしまったがために飲み続けていたのです。**

いつも食べている甘いお菓子や飲料は、本当に必要ですか? 疑ってみてもいいかもしれません。

Recommend!

最初は少し苦手だった炭酸水ですが、飲み続けているうちに、甘い飲料より好きになりました。半身浴のおともに◎。

体脂肪の分解を助ける「伊右衛門 特茶」や、脂肪の吸収を抑える「黒烏龍茶」がお気に入り。箱買いしてストック。

太っていた頃は、食事のときもコーラだった……。

ながら食べをしない

テレビやスマホを見ながら、仕事をしながら……。**何かをし〝ながら〟食事したり、おやつを食べている。そんな習慣が当たり前になっていませんか？**

昔の私は、炭酸飲料をほぼ1日中〝ながら〟飲みしていました。無意識だから飲みすぎている感覚もなく、味わっていたわけでもない。ただただ口に運び続け、膨大なカロリーをとり続けてしまっていたのです。食べものと、きちんと向き合えば、**余計なカロリーも、そこに費やしていたお金もカットできます。**

ごはんはお子さま用の茶碗で食べる

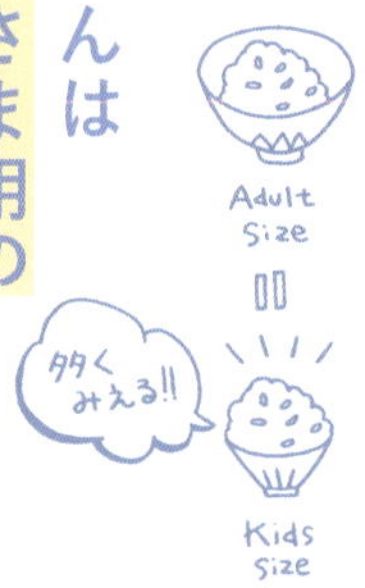

大人用の茶碗に盛ると物足りない量でも、**小さな茶碗によそうと、茶碗いっぱいの見た目になるので、たくさん食べたような気分になれます。**ごはん以外のおかず類も、あえて小さめのお皿に盛りつけることで、不思議と満腹感がアップしますよ。食欲を減退させる色である青色の食器を使うのも効果的。

こんなふうに、**目の錯覚で脳を騙せば、無理なく、食べる量を減らすことができます。**無理がないから継続もしやすい、おすすめのテクニックです。

おなかが空いたときだけ食べる

「何か食べたい」欲求で、冷蔵庫を開けたり、コンビニをウロウロしていませんか？　ズバリ、それは偽の食欲。**おなかが空いたからではなく、「なんだかヒマだな」という気持ちを、食べて満たそうとしているだけ。**食べる以外のことでも満たせるはずです。私の場合は、「○○メーカーの△△が食べたい」を明確に言えれば、本物の食欲とし、食べてもOKにしています。

おやつを食べるなら、午後2～4時に

人のからだでは、午後2～4時のあいだ、**脂肪の蓄積に働く物質の分泌が少ない**そう。そのため、食べても太りにくいといわれています。この時間に食べてもゼロカロリーにはならないけれど、どうせなら太りにくい時間のほうがいいですよね。逆に、**深夜はこの物質が多く分泌され、太りやすくなるので要注意です。**

小腹が空いたら低カロリー、高たんぱく質のものを

小腹が空いたとき、カロリーの高いお菓子を食べてしまう人も多いですが、低カロリーでおなかを満たしてくれるものはたくさんあります。**チーズやするめなど高たんぱく質の食品は、低カロリー、低糖質、食べごたえも◎。**私はスープもよく飲んでいました。液体だけで満足できないときは具入りを選びますが、それでもお菓子を食べるより、ずっとヘルシー。

Recommend!

どれもコンビニで手軽に買えます。噛みごたえのあるするめは、顔の筋肉を鍛える効果も！

おやつは200kcalまでにする

私は、1日の目標摂取カロリーをオーバーしなければ200kcalまでのお菓子もOKにしています。**今は低カロリーのお菓子やアイスが豊富なので、200kcalでも十分満足。**「食べない」と決めてストレスをためるのではなく、「ここまで」という基準を決めて、その中で食べられるものを探しましょう。

エレベーターではなく、階段を使う

自宅やオフィス、日常で使う駅などに階段がある人は、取り入れやすい習慣です。最初からたくさん上り下りするのがきつければ、まずは1階ぶんだけ、慣れたら2階ぶん……というように、**少しずつ増やしていくのもおすすめ。**

階段の上り下りには、お尻や太もも裏の筋肉を使うので、**数日続けただけでも、ヒップアップや引き締まりを実感できます。**姿勢をよくしたり、太ももを高く上げることを意識すると、さらにやせ効果アップ！

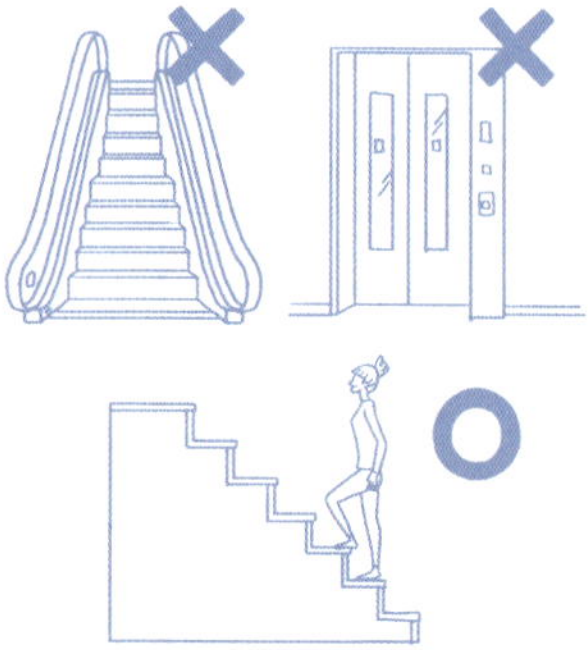

隙間時間にトレーニング

テレビのCM中、つい冷蔵庫を開けてしまう。スマホを見ながら、つい何かをつまんでしまう。そんな「太る習慣」がクセになっていませんか？**隙間時間は、〝つい食べてしまう〟代わりに、からだを動かしましょう。**CHAPTER4で紹介する簡単な筋トレやストレッチのほか、マッサージでもOK。からだを動かすうちに、食べたい気持ちも消え去るはず。

「忙しくて、運動する時間がない」という人にも、隙間時間のプチトレはおすすめです。

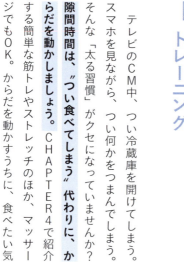

決めた歩数か時間、ウォーキングする

ウォーキングは、私がダイエットのために最初に始めた習慣の1つです。私はもともと、運動が大の苦手。だから、ランニングは、はなから続く自信なし。ウォーキングならできるかもと思い、始めてみたところ、今でも続く習慣になりました。歩くより走るほうが好きな人は、もちろんランニングでもいいし、私の場合は1日8000歩または1時間を目標にしていたけれど、自分ができる歩数や時間でOKです。ただし、**目標を決めておくのはマスト。**目標がないとサボりグセがついてしまいがち。また、目標値が高すぎるのも危険。達成できないと嫌になってやめてしまう可能性が高いので、**必ずクリアできる数字を設定しましょう。**

私は、1人で夜道を歩くのが苦手なので、家の中で、ぐるぐるとウォーキングしていました。**モチベーションアップには、歩数の確認ができるアプリの活用もおすすめです。**

Recommend APP

FiNC

歩数がグラフで表示されるので、振り返りにも便利。消費カロリーも計算してくれます。

Coke ON

設定した目標歩数を達成すると得点がもらえる、おトクなアプリ。歩くのが楽しみになる！

外に出るのが面倒なら、
家の中でもウォーキングはできる！
私は毎日、
リビングで歩いていたよ。

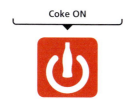

毎日、湯船に浸かる

シャワーだけですませてしまう人も多いけれど、絶対に湯船に入ったほうがいい！　**しっかり温まって汗をかけば、血流がよくなり代謝もアップ。**お風呂に浸かってリラックスすることも、ダイエットに、よい効果をもたらします。

長風呂が苦手な人は、**好きな香りの入浴剤を入れるなど、お風呂時間を楽しめる工夫を。**また、発汗して水分が出れば、体重も減ります。一時的なものですが、減った数字を見れば、やる気の後押しに。

**お気に入りの入浴剤で
バスタイムを楽しむ**

エプソムソルトの入浴剤（左）は無香料なので、香りがよい「バブ エピュール」（右）を混ぜて入浴。／写真は本人私物

hazu流

汗をたくさんかくコツ

POINT 1

お湯の温度は40℃前後に

熱すぎるお湯だと、のぼせてしまい長く入れないうえ、からだに負担がかかりがち。自分にとって負担にならない温度のお湯にゆっくり浸かり、じっくり温まりましょう。

POINT 2

入浴剤を入れる

温熱効果を高めてくれる「エプソムソルト」の入浴剤がお気に入り。からだの深部から、ぽかぽか温まり、汗もたくさんかきます！

POINT 3

しっかり水分補給！

入浴前に水を飲んでおくと、汗をかきやすくなります。脱水症状を防ぐためにも入浴前後、のどが渇けば入浴中も、こまめに飲みましょう。

POINT 4

ふたを閉めて、サウナ状態に

半身浴のときにふたを閉めれば、浴槽がサウナ状態になり発汗作用アップ。ただし、やりすぎるとからだが疲れてしまうので、ほどほどに。

入浴中か お風呂上がりに マッサージをする

「いつやるか」を決めておくことも習慣化のコツ。**マッサージならば、入浴中やお風呂上がりなど、入浴とセットにすると取り入れやすいです。**

コロコロローラーやマッサージクリームは、寝る前に自然と手に取れるように、ベッドの近くに置いています。私の場合、別のところに置くと、やることを忘れたり、道具を取りにいくのが面倒になって続かないので、そこが定位置に。

hazu流

脚やせマッサージ

01

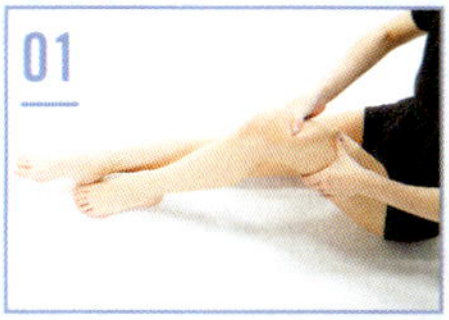

ひざ上から脚の付け根に向かって、雑巾絞りの要領で、両手の親指を内にひねりながら、太もも全体をねじる。内側、外側それぞれ30秒ずつ。

02

両手の親指と4本指でつまむように、太ももをやさしくもんでいく。内側、外側それぞれ20秒ずつ。

03

太ももの内側と外側を、交互にとんとんたたく。あざにならないように、強すぎない力加減で20秒。

04

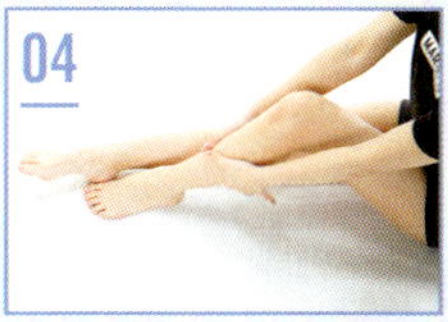

両手の親指と人差し指で輪をつくり、足首から脚の付け根まで滑らせる。痛くないくらいの強さで、ゆっくりとリンパを流す。30秒。

美容器具や
マッサージクリームも活用！

手だけでなく、ツールを使うことも。「アガリズム ボディキュット」（右）は、肌の引き締めクリームとボディローラーが一体化しているので、ケアがお手軽。／写真は本人私物

ダイエットのやる気が上がる待ち受け画面に

私は、憧れのモデルさんの写真を設定していました。見ただけでは脂肪は燃えないけれど、**「頑張ろう！」という思いに火がつきます。**やせてきたら、太っていた頃の自分の写真にするのもアリです。見るたびに、これまでの頑張りや、からだの変化を実感し、リバウンド防止に効果大。

就寝前の1時間は何も食べない

ダイエットによい作用をもたらすホルモンは睡眠時に多く分泌されるため、**睡眠の質が悪くなると、太りやすい**といわれています。そして、就寝前に飲食をしてしまうと、**消化のため活発になった胃腸の働きが、睡眠のじゃまをしてしまう**のです。食べたものが消化されるには、1〜3時間ほどかかるそう。だから、夕食は早めにすませて、最低でも就寝前の1時間は、何も食べないことを心がけましょう。

　また、食後すぐは運動なども控えたほうがベター。胃腸が働いているときに動くと、消化が妨げられてしまうからです。

着圧タイツを履いて就寝

むくみが気になる人は、とくに試してほしい習慣です。私は、着圧タイツを使い始めて、**脚のラインがすっきりした**ことを実感。**疲れも取れて脚が軽くなる**ので、トレーニングのやる気もわいてきます。私は就寝中だけでなく、自宅で過ごすときも履きますが、まずは就寝時だけでもトライしてみて。履いて寝るだけだから、忙しい人にもおすすめです。

Recommend!

数種類愛用していますが、おすすめは「ベルミス」。着圧効果が高く、むくみがすっきり。生地も丈夫で破れにくいです。／写真は本人私物

CHAPTER

03

食事の「質」を変えれば、もう我慢はいらない

食べてもやせる！ダイエット&キープ飯

やせたいけれど、おなかいっぱい食べたい！　その両方を叶えるための工夫をこらしたオリジナルレシピを、たっぷりご紹介します。

なぜ黙っていたの？
豆腐が大好物だということを……

豆腐って
すごい!
ごはんみたいにも見えるし
お肉みたいにも見えるし
スイーツにもなるし
そのままでもイケる
万能
豆腐に感謝~!!
だけど……
彼の出張中は、きのこと豆腐メニューでもよかったけれど
食べてくれるかな?
おいしい!
俺、豆腐がいちばん好きなんだよね! さっぱりしたものが好きだから
えっ!!!
ハンバーガーとか牛丼とかが好きなんじゃないの?
あんまり食べものに興味がないからあるものを食べるって感じ。
ハンバーガーとかすぐ買えるしね
ハンバーガーや牛丼が好きだと思ったから一緒に食べていたのに……
それで太ったのに……
豆腐
好きなんかーい!!

「満腹まで食べたら太る」は勘違い。食材を工夫すれば、おなかいっぱい食べてもＯＫ！

「満腹＝やせられない」というイメージがあるかもしれませんが、決してそんなことはありません。なぜなら、**ダイエット中の私は、おなかいっぱい食べていたから。**

だからといって、太っていた頃と同じ食事内容ではありません。昔の私は、菓子パン、スナック菓子、ラーメン……それらをおなかいっぱい食べ、１日４０００ｋｃａｌ超えの日も！　一方、**ダイエット中にたくさん食べていたのは、きのこや豆腐、野菜を使った料理です。**これなら満腹まで食べても、太っていた頃の摂取カロリーには到底及ばないし、３食しっかりとって、基礎代謝くらいのカロリーに抑えられていました。

「おなかいっぱい」という点では、今も昔も同じですが、中身が違えばカロリーも大違い！　食材の工夫で、満腹を叶えつつ、目標カロリー内に収めることは可能なのです。

同じカロリーなのに、こんなに違う!

満腹になるのは、どっち!?

朝食

チーズ蒸しケーキ
316kcal
オレンジジュース(200mℓ)
82kcal

白ごはん(150g)
252kcal
さけの塩焼き
77kcal
豚汁
95kcal

昼食

バナナ
114kcal
のむヨーグルト(200mℓ)
130kcal

梅こんぶおむすび
157kcal
豚しゃぶサラダ
196kcal
さといもの煮物
86kcal

間食

ナッツ
268kcal

ポテトポタージュ
106kcal
ヨーグルト
35kcal
キウイ
41kcal

夕食

ミニ牛丼
504kcal
コーラ(500mℓ)
230kcal

白ごはん(150g)
252kcal
鶏の照り焼き
153kcal
コールスローサラダ
55kcal
冷ややっこ
59kcal
きんぴらごぼう
74kcal
緑茶 0kcal

合計1644kcal

菓子パンや牛丼など、高カロリーな食べものが中心。約1600kcalに収めるとなると、昼食もセーブ。これだと深夜におなかが空き、夜食でカロリーオーバーの予感。

合計1638kcal

和食中心の食事。毎食、炭水化物もおかずも、しっかり一人前を摂取。間食もボリュームがあるので、この量を食べれば、1日を通して空腹になることなし!

「食べちゃダメ」なものはないし、「これを食べるから太る」ではなく「食べすぎる」から太る。

「スイーツはダメですよね？」「揚げ物を食べたら太りますよね？」。こんな質問をいただきます。まずお伝えしたいのは、「食べると太る」ではなく「食べすぎると太る」ということ。**スイーツも揚げ物も、ひと口食べたからといって体重が変わることはありません。でも、連日たくさん食べれば、当然太ります。**そして、この〝たくさん〟の感覚は人それぞれ。自分にとっては少量でも、他人からしたら多く見えることも。だから、**どのくらいならＯＫかを明確にしておくことが大事**です。私の場合は、1日の摂取カロリーが基礎代謝内に収まるならば、スイーツも揚げ物もＯＫに。ただ、そうなると、やはり少量……。食べることが好きゆえに、「もっと食べたい！」と思ってしまうのです。そんな気持ちを満たすために生まれたのが、hazu流ダイエット飯です。

食欲は、食べることでしか満たせない。大切なのは、「満腹」と「満足」のバランス感。

やせ習慣が身につけば、偽の食欲に流され、必要以上に食べすぎてしまうことはなくなります。でも、空腹の我慢はつらいし、おいしいものも食べたい。私自身もそうですが、食べることが好きな人にとって、「食欲」は「食」でしか満たせないと思うのです。そしてわかったのは、**できるだけ「満腹」と「満足」の両方を叶えられると、気持ちが満たされるということ。逆に、どちらもないと絶対に続きません。**前述のように、私の基準は基礎代謝内。満腹になるには、低カロリーなものでないと収まりません。しかし、「低カロリーだけど、おいしくない」では満足感なし……。私流ダイエット飯のポイントは、低カロリーでもおいしいこと。**見た目も味も満足でき、満腹まで食べてOKな工夫をしています。**そのレシピをP79から紹介していきます！

hazu流ダイエット飯の
ポイントは、食材はヘルシー、
味つけは自由！

前のページでもお伝えしたように、「低カロリーでもおいしい」「見た目も味も満足できる」のが、ｈａｚｕ流のダイエット飯です。それを叶えるためのポイントの1つが、**食材は低カロリーでヘルシーなものに、その代わり、味つけは自由にするということです。**食材は、たとえば、きのこをはじめとした野菜や、お肉に比べてカロリーの低い豆腐やお刺身。お肉を使うなら、脂肪分の少ない鶏肉をよく活用します。味つけは、**チーズでコクを出したり、マヨネーズや焼き肉のタレなどを適量使うことも。**

そして、**ダイエット中は手を出しにくいメニューも、ヘルシー食材で再現。**見た目も味も同じだから「満足」できるし、低カロリーだから「満腹」感もクリア！　ダイエット中も「食べることを楽しみたい」人たちに、ぜひ参考にしていただきたいです。

無理なくやせられたのは
この食材たちのおかげ！

刺身

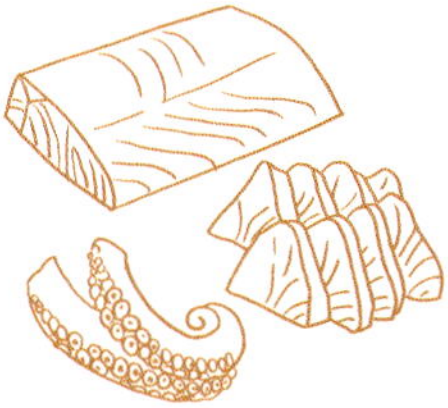

サーモンやマグロ、アジ、たこなど。そのまま食べるだけでなく、和え物やマリネにすることも多いです。お刺身はたんぱく質も豊富。

きのこ

きのこ鍋をメインに、ダイエット中、大活躍の食材。種類もたくさんあるので、料理のバリエーションが広がります。食物繊維もたっぷり！

豆腐

食べごたえもあるし、アレンジも自由自在。それでいてヘルシーな豆腐は、ダイエット飯に不可欠。淡泊だから、さまざまな味つけができます。

野菜

キャベツや白菜、もやし、オクラなどをよく使います。スープに入れたり、小鉢にしたりして、できるだけ毎食とるように心がけています。

発酵食品

納豆や、チーズ、キムチなど。発酵食品を入れると、味にコクも出ます。チーズは太ると思われがちだけど、糖質も低く、じつはヘルシー食材。

鶏肉

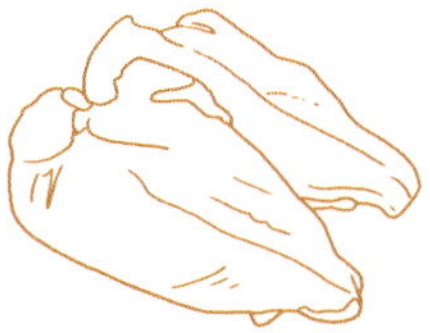

脂身の少ない鶏肉は、牛肉や豚肉に比べてヘルシー。より脂肪分が少ない鶏むね肉を、よく使います。きのこ鍋やスープに入れることも。

ダイエット中、いちばん食べていた食材！

きのこ

食物繊維もたっぷり！ 低カロリー・低価格な コスパ最高食材

ダイエット中、とにかく強い味方だったのが、きのこ。ダイエットを開始してすぐ、夕食をきのこ鍋メインに変えたところ、体重もするっと落ちていきました。

　きのこは9割が水分なので、超低カロリー！　おなかいっぱい食べても、目標摂取カロリーをオーバーしてしまう心配は、ほぼありません。食物繊維も豊富だから、お通じの改善にも◎。

　しいたけ、しめじ、えのきなど種類もたくさんあるので、料理の幅が広がるし、価格もお手頃。低カロリーでコスパも抜群なきのこは、hazu流ダイエット飯を支える最強食材です。

Recipe 01

きのこ鍋

93kcal

これだけで満腹。シンプルだけど、きのこのうま味がぎっしり！

材料（2人分）

お好みのきのこ … 600g
（食べやすい大きさに切る）
A 水 … 1.5ℓ
｜昆布（5×10cmほど）… 2枚
塩 … 少々
ポン酢 … 適量
大根おろし、
　小ねぎ（お好みで）

作り方

1. 鍋にAを入れて昆布を水で戻し、だしをとる。
2. きのこを加え、ひと煮立ちしたら、塩で味をととのえる。
3. ポン酢と、お好みで大根おろしやねぎを添える。

ちょいアレンジで、飽きずに食べられる

白菜やもやしなどをプラスして、野菜たっぷり鍋に。食物繊維やビタミン量もアップ！

豆腐や鶏肉を加えれば、たんぱく質もとれます。鶏肉からもだしが出て、うま味が倍増。

香ばしいチーズの香りがたまらない

きのこ×チーズ

ごま油の風味と
えのきの
シャキシャキ食感が
クセになる

195kcal

フォロワー人気 第2位

Recipe 02

えのきチーズチヂミ

材料（2人分・1枚）

えのき … 1袋
（半分に切る）
片栗粉 … 大さじ2
A 卵 … 1個
ピザ用チーズ … 大さじ3
水 … 大さじ1
鶏がらスープのもと … 小さじ1
こしょう … 少々
ごま油 … 大さじ1

作り方

1_ ボウルにえのきをほぐし入れ、片栗粉をまぶす。

2_ **A**を加え、混ぜ合わせる。

3_ フライパンに油を熱し、**2**を広げ入れ、ふたをして弱火で4分ほど焼く。

4_ 裏返して、ときどき押しつけるようにしながら、さらに4分ほど焼く。取り出したら、食べやすい大きさに切る。

PROCESS

フライ返しなどを使って、押しつけるように焼くと、表面がカリッと香ばしく焼き上がる。

240kcal
小麦粉不使用。
ピザだって、
きのこと油揚げで、
ヘルシーに！

Recipe 03

きのこピザ

PROCESS

油揚げは、開く前に、箸などの棒状のものを押し当てて、転がしておく。このひと手間で、開きやすくなる。

材料（2人分）

マッシュルーム … 1パック（薄切り）
エリンギ、しめじ … 各1袋
（食べやすい大きさに切る）
油揚げ … 2枚
ピザ用チーズ … 60g
ケチャップ（ピザソースでもOK） … 大さじ2
塩・こしょう … 少々
サラダ油 … 小さじ1
こしょう、パセリ（お好みで）

作り方

1_ 油揚げは5分ほど湯に浸し、油抜きをする。キッチンペーパーで水気をしっかり取り、表面に菜箸を転がして伸ばす。

2_ 短い2辺と長い1辺に切り込みを入れ、シート状に開く。

3_ フライパンに油を熱し、きのこを炒めて、塩・こしょうをする。

4_ **2**にケチャップを半量塗り、**3**とチーズを半量ずつのせる。

5_ トースターで5分ほど焼き、前後を返して、チーズがこんがりするまで、さらに5分ほど焼く。お好みでこしょうやパセリをちらす。もう1枚も同様に作る。

Recipe 04

しいたけチーズ焼き

じゅわっと広がる
うま味と、
とろ～りチーズが
絶妙にマッチ
80kcal

材料（2人分）

しいたけ … 8個（石づきは切り落とす）
とろけるチーズ … 2枚（それぞれ4等分に切る）
A しょうゆ … 小さじ2
| おろしにんにく（チューブ） … 1cm
こしょう、パセリ（お好みで）

作り方

1_ アルミホイルを広げ、しいたけを、かさの内側を上にして並べる。

2_ 混ぜ合わせた**A**とチーズを**1**にのせ、お好みでこしょうやパセリをちらす。

3_ トースターで、チーズが溶けるまで5分ほど焼く。

きのこたっぷり。ボリューム満点！

きのこ×スープ

こっくり濃厚！
こま切れの
鶏肉が食感の
アクセントに

Recipe 05

菌活濃厚豆乳スープ

199kcal

材料（約4杯分）

エリンギ、しめじ、まいたけ … 300g
（食べやすい大きさに切る）
鶏こま切れ肉 … 150g
玉ねぎ … 1/2個（薄切り）
豆乳（成分無調整） … 500mℓ
水 … 100mℓ
コンソメ（キューブ） … 2個
小麦粉 … 大さじ2
（大さじ2の水で溶く）
こしょう … 少々
サラダ油 … 小さじ1
パセリ（お好みで）

作り方

1_ 鍋に油を熱し、鶏肉と玉ねぎを炒め、しんなりしてきたら、さらにきのこを加えて炒める。

2_ 全体がしんなりしてきたら、水とコンソメを加えて5分ほど煮込む。

3_ 豆乳と水溶き小麦粉を加え、ひと煮立ちさせ、とろみがついたら、こしょうをふる。お好みでパセリをちらす。

Recipe 06

きのこのしょうがコンソメスープ

材料（約4杯分）

A えのき、エリンギ、しいたけ、しめじ、まいたけ … 250g
（食べやすい大きさに切る）
ハーフベーコン … 5枚
（1cm幅に切る）
玉ねぎ … 1/4個（薄切り）
水 … 600mℓ
コンソメ（キューブ） … 2個
おろししょうが（チューブ） … 6cm
黒こしょう（お好みで）

作り方

1_ 鍋にAを入れ、5分ほど煮る。

2_ 具材に火が通ったら、コンソメとしょうがを加え、ひと煮立ちさせる。お好みで黒こしょうをちらす。

しょうがが効いた
やさしい味わい。
からだがじんわり
温まる！

59kcal

のりの香りが
ふわ〜っ！
海藻×きのこで
栄養満点スープ

Recipe 07

デトックス黒スープ

材料（約4杯分）

A エリンギ … 1袋
しいたけ … 3個
しめじ … 1/2袋
まいたけ … 1袋
（きのこは食べやすい大きさに切る）
玉ねぎ … 1/2個（薄切り）
水 … 600mℓ
鶏がらスープのもと … 大さじ1

焼きのり … 2枚
白いりごま … 大さじ1
おろししょうが（チューブ）… 3〜4cm
小ねぎ（お好みで）

作り方

1_ 鍋にAを入れ、5分ほど煮る。
2_ 具材に火が通ったら、ごまとしょうがを加える。
3_ のりをちぎり入れたらふたをして、のりがとろっとするまで、さらに3分ほど煮る。お好みでねぎをちらす。

Recipe 08

食物繊維のやせ沼スープ

うま味たっぷりの
とろみスープが
きのこと一体化。
食べごたえも◎！
23kcal

材料（約4杯分）

なめこ … 1袋（水洗いする）
しいたけ … 5個（薄切り）
えのき、エリンギ、
まいたけ … 各1袋
（食べやすい大きさに切る）
もやし … 1/2袋（100g）

A 水 … 600mℓ
鶏がらスープのもと … 大さじ1
おろししょうが（チューブ）… 2cm

長ねぎ、白いりごま、一味
（お好みで）

作り方

1_ 鍋にきのこ、もやし、Aを入れ、ふたをして火にかける。
2_ 具材に火が通ったら、お好みでねぎやごまなどをちらす。

Recipe 09

きのこの炊き込みごはん

327kcal

お好みのきのこを
たっぷり加えて。
ふわっと立ち上がる
香りも豊か！

材料（2人分）

米 … 1合
お好みのきのこ … 200g
（食べやすい大きさに切る）
にんじん … 1/3本（2〜3cmの細切り）
水 … 120mℓ

A めんつゆ（4倍濃縮） … 大さじ2
　しょうゆ … 大さじ1
　酒 … 大さじ1
　塩 … 少々

作り方

1. 炊飯器に米、水、Aを入れたら軽く混ぜ、具材を加えて炊飯スイッチを入れる。
2. 炊き上がったら、器に盛る。

小腹が空いたときにも、重宝！

きのこ×作り置き

マヨネーズの
コクで、
こっくりとした
おいしさに！

Recipe 10

きのこの和風マヨ炒め

98kcal

材料（約4食分）

お好みのきのこ … 300g
（食べやすい大きさに切る）
ロースハム … 4枚
（半分にして2㎝幅に切る）
和風顆粒だし
… 小さじ1/4
塩・こしょう … 少々
マヨネーズ … 大さじ2

作り方

1_ フライパンにマヨネーズを熱し、油が溶けてきたら、きのことハムを入れて炒める。
2_ しんなりしてきたら、和風だしを加え、塩・こしょうで味をととのえる。

きのこと長ねぎの
相性ばっちり。
バターの香りも
たまらない

Recipe 11

きのこのしょうゆバター炒め

46kcal

材料（約4食分）

お好みのきのこ … 300g
（食べやすい大きさに切る）
長ねぎ … 1/4本（薄切り）
バター … 5g
しょうゆ … 大さじ1
塩・こしょう … 少々
オリーブオイル … 大さじ1/2

作り方

1_ フライパンに油を熱し、きのことねぎを炒める。
2_ しんなりしてきたら弱火にして、バターとしょうゆを加え、塩・こしょうで味をととのえる。

変幻自在！　主食、おかず、スイーツにもなる

豆腐

淡泊でアレンジしやすい！

低カロリーで、高たんぱく質。腹持ちもいい！

豆腐は、低カロリーかつ高たんぱく質な食材。たんぱく質が不足すると、筋肉が減って代謝が落ちてしまうので、ダイエット中でも、たんぱく質はしっかりとるのがおすすめです！

もちろん、冷ややっこなどのようにそのまま食べてもおいしいですが、ひと工夫を加え、お肉や炭水化物、乳製品の代わりに使うのがhazu流レシピの特徴です。チャーハンもオムライスも、味つけはそのままに、ごはんを豆腐に置き換えるだけで大幅なカロリーカット！　豆腐は淡泊な味わいなので、いろんな調味料とも相性がよく、アレンジしやすい食材です。

＼毎日食べても飽きない！／

冷ややっこアレンジ6選

こってりも、さっぱりも好相性。のせるものを変えれば、飽き知らずです。

オクラ温玉

温泉卵とかつおぶしをのせ、軽くゆでて輪切りにしたオクラを添えて、しょうゆをひと回し。

漬物&納豆

ひきわり納豆1パックに、水菜の漬物をプラス。絶妙な組み合わせで一度食べれば虜に！

納豆キムチ

ひきわり納豆とキムチはよく混ぜ合わせて。ダブル発酵食品で、腸もすっきり！

温玉キムチ

白菜キムチ、温泉卵、刻みねぎをパラリ。とろ〜りとした黄身とキムチが相性抜群。

梅おかか

チューブの梅肉に、かつおぶし、しょうゆを加えて豆腐の上へ。梅の香りが立ち、上品な味わい。

しらすおろし

しらす、大根おろし、刻みねぎをのせ、ポン酢でさっぱりと。しらすのうま味がアクセント。

そぼろ状にすれば、まるで米粒

炭水化物代わりに！

Recipe 12

豆腐オムライス

見た目は完全に
オムライス。
豆腐はしっかり
水分を飛ばして！

材料（2人分）

木綿豆腐 … 1丁（300g）
A エリンギ、しめじ … 各1/2袋（みじん切り）
　マッシュルーム … 1/4パック（薄切り）
　玉ねぎ … 1/8個（薄切り）
　ロースハム … 2枚（角切り）
ケチャップ … 大さじ2
鶏がらスープのもと … 小さじ1/4
B 卵 … 4個
　牛乳 … 大さじ2
　片栗粉 … 大さじ1
　塩・こしょう … 少々
オリーブオイル … 大さじ1/2

作り方

1_ 豆腐はキッチンペーパーに包み、電子レンジで3分ほど加熱して水切りする。時間があれば、ペーパーを変えて豆腐を包み、お皿などで重石をして、さらに10分以上水切りする。

2_ フライパンで1を崩しながら乾煎りする。豆腐がそぼろ状になったら、Aを加える。

3_ 具材に火が通ったら、ケチャップと鶏がらスープのもとを加える。

4_ 別のフライパンに油を半量熱し、混ぜ合わせたBを半量流し込み、薄く広げる。

5_ 片面焼けたら、ラップをしいたお皿にのせ、中央に3を半量盛る。

6_ ラップに包み込んで形をととのえたら、お皿にのせてラップを外す。お好みでケチャップ（分量外）をかける。もう1つも同様に作る。

ポロポロの豆腐が
ごはん食感に！
たくさんの具材で
満足度アップ

フォロワー人気 第4位

Recipe 13

豆腐チャーハン

材料（2人分）

木綿豆腐 … 1丁（300g）
A チャーシュー … 2枚
（半分にして2cm幅に切る）
玉ねぎ … 1/4個（みじん切り）
しいたけ … 1個（みじん切り）
かまぼこ … 20g（みじん切り）
溶き卵 … 1個分
市販のチャーハンのもと … 1袋
長ねぎ … 8cm（小口切り）

作り方

1. 豆腐はキッチンペーパーに包み、電子レンジで3分ほど加熱して水切りする。時間があれば、ペーパーを変えて豆腐を包み、お皿などで重石をして、さらに10分以上水切りする。
2. フライパンで1を崩しながら乾煎りする。豆腐がそぼろ状になったら、Aを加える。
3. 具材に火が通ったら端に寄せ、空いたところに卵を流し入れ、そぼろ状に炒める。
4. チャーハンのもととねぎを加え、全体を混ぜ合わせる。

Recipe 14

豆腐のお好み焼き

材料（2人分・4枚）

絹ごし豆腐 … 1/2丁（150g）
A 卵 … 2個
和風顆粒だし … 小さじ1
塩・こしょう … 少々
B キャベツ … 1/4個（千切り）
エリンギ … 1/2袋（みじん切り）
紅しょうが … 15g（みじん切り）
桜えび … 5g
豚肩ロース肉 … 100g
（薄切りにしてひと口大に切る）
ピザ用チーズ … 30g
サラダ油 … 小さじ1
ソース … 大さじ2
マヨネーズ … 大さじ2
かつおぶし … 1パック
青のり（お好みで）

小麦粉なしの
軽い生地だから、
キャベツが
シャキシャキ！

作り方

1. キッチンペーパーに包んで水切りした豆腐をボウルに入れ、泡立て器で混ぜてクリーム状にする。
2. Aを加えてよく混ぜ、さらにBを加えて混ぜ合わせる。
3. フライパンに油を弱火で熱し、2を1/4量広げ入れる。（小麦粉が入っていないぶん柔らかいので小さめの円形にする）
4. 肉とチーズを1/4量のせ、周囲に焼き色がついてきたら裏返し、さらに3分ほど焼く。残りの3枚も同様に焼く。
5. 器に盛り、ソース、マヨネーズ、かつおぶしをかける。お好みで青のりをちらす。

ボリュームがあるから大満足

お肉代わりに！

PROCESS

豚肉の端に豆腐をセットし、くるくると回転させて巻いていく。

476kcal

フォロワー人気 第3位

Recipe 15

豆腐の肉巻きロール

巻いて焼くだけだから簡単！満足感ある食べごたえ

材料（2人分・10個）

木綿豆腐 … 1丁（300g）
豚バラ薄切り肉 … 10枚
塩・こしょう … 少々

作り方

1_ 豆腐はキッチンペーパーに包み、電子レンジで3分ほど加熱して水切りする。
2_ 豆腐を10等分に切ったら、広げた豚肉にのせて巻き、塩・こしょうをする。
3_ フライパンを熱し、**2**を並べて両面焼く。

フォロワー人気 第5位

Recipe 16

豆腐のナゲット

もちもちとした食感が新鮮！揚げてないからさらにヘルシー

260kcal

材料（2人分・約10個）

木綿豆腐 … 1丁（300g）
溶き卵 … 約1個分
片栗粉 … 大さじ2
鶏がらスープのもと … 小さじ1/2
オリーブオイル … 適量
ケチャップ … 適量

作り方

1_ 豆腐はキッチンペーパーに包み、電子レンジで4分ほど加熱して水切りする。
2_ ボウルに**1**を入れ、泡立て器でつぶしたら、片栗粉と鶏がらスープのもとを加えて混ぜる。
3_ 卵を少しずつ**2**に加え、形成しやすいかたさにする。
4_ フライパンに油を1cmの深さに熱し、**3**を10等分の小判型に形成して並べる。
5_ 3分ほど揚げ焼きしたら裏返し、きつね色になるまで焼く。
6_ 器に盛り、ケチャップを添える。

Recipe 17

豆腐のそぼろ丼

味が染み込んだ
豆腐そぼろ。
卵黄を崩せば、
コクもアップ！
510kcal

材料（2人分）

木綿豆腐 … 1丁（300g）
もち麦ごはん … 2膳分（300g）
A しょうゆ … 大さじ3
　酒 … 大さじ3
　みりん … 大さじ3
　おろししょうが（チューブ） … 3cm
サラダ油 … 小さじ1
卵黄 … 2個分
のり、小ねぎ、白いりごま（お好みで）

作り方

1_ 豆腐はキッチンペーパーに包み、電子レンジで3分ほど加熱して水切りする。
2_ フライパンに油を熱し、1を崩しながら炒める。そぼろ状になったら、Aを加える。
3_ 器に盛ったごはんに2と卵黄をのせ、お好みでのりやねぎなどをちらす。

Recipe 18

豆腐の親子丼

豆腐がふわふわ！
やさしい口当たり
だけど、
味はしっかり
457kcal

材料（2人分）

絹ごし豆腐 … 1/3丁（100g）
鶏ひき肉 … 100g
玉ねぎ … 1/4個（薄切り）
溶き卵 … 2個分
もち麦ごはん … 2膳分（300g）
A 水 … 大さじ1
　みりん … 大さじ1
　めんつゆ（4倍濃縮） … 大さじ1
　しょうゆ … 大さじ1/2
オリーブオイル … 小さじ1
三つ葉（お好みで）

作り方

1_ 豆腐はキッチンペーパーで軽く水切りしておく。
2_ フライパンに油を熱し、ひき肉と玉ねぎを炒める。
3_ 玉ねぎがしんなりしてきたら、1を軽く崩しながら加え、さらにAを加えてひと煮立ちさせる。
4_ 卵を回し入れ、ほどよくかたまったら、器に盛ったごはんにのせる。お好みで三つ葉を添える。

大豆のコクと甘みをいかして

牛乳代わりに!

大豆由来の
こっくり感で、
牛乳もバターも
いらない!

Recipe 19

豆腐のスープグラタン

373kcal

材料（2人分）

絹ごし豆腐 … 1丁（300g）
豆乳（成分無調整） … 400mℓ
A むきえび … 10尾（水洗いする）
　しめじ … 1/2袋（小房に分ける）
　アスパラガス … 4本（4cm幅の斜め切り）
　玉ねぎ … 1/2個（薄切り）
ほうれん草 … 1/2束
（下ゆでして4cm幅に切る）
ピザ用チーズ … 60g
小麦粉 … 大さじ1
塩 … 小さじ1/4
こしょう … 少々
サラダ油 … 小さじ1
パセリ（お好みで）

作り方

1. フライパンに油を熱し、Aを炒めて、塩とこしょうをふる。
2. 玉ねぎがしんなりしてきたら火を止め、小麦粉を振り入れて、粉っぽさがなくなるまで混ぜる。
3. 豆乳を加えて弱火にかけたら、ほうれん草を加え、さらに豆腐を崩し入れる。
4. ひと煮立ちしたら、耐熱容器に半量入れ、チーズと、お好みでパセリをちらす。
5. トースターで10〜12分ほど焼く。もう1つも同様に作る。

かける、和えるで簡単調理

そのまんま!

Recipe 20

あんかけ豆腐

濃いめの
味つけだから、
おつまみにも
ぴったり!
178kcal

材料(2人分)

絹ごし豆腐 … 1丁(300g)
お好みのきのこ … 60g
(食べやすい大きさに切る)
A 水 … 200mℓ
和風顆粒だし … 小さじ4
しょうゆ … 大さじ2
みりん … 大さじ2
おろししょうが(チューブ) … 4cm
片栗粉 … 大さじ1(大さじ1の水で溶く)

作り方

1_ 豆腐はキッチンペーパーに包み、電子レンジで2分〜2分半ほど加熱して水切りする。
2_ 鍋にきのことAを入れて火にかけ、ひと煮立ちしたら水溶き片栗粉を回し入れ、とろみをつける。
3_ 半分に切った1を器に盛り、2をかける。

Recipe 21

豆腐のオクラ和え

具材と
よく絡んだ
ごまの風味が
たまらない
65kcal

材料(2人分)

絹ごし豆腐 … 1/2丁(150g)
オクラ … 3本(ゆでて輪切り)
めんつゆ(4倍濃縮) … 大さじ1
白すりごま … 小さじ1
小ねぎ … ひとつかみ(小口切り)
かつおぶし … ひとつまみ

作り方

1_ ボウルに豆腐とオクラを入れ、めんつゆとごまを加えて混ぜ合わせる。
2_ 器に盛り、ねぎとかつおぶしをちらす。

豆腐だから、食べても罪悪感なし

スイーツに！

Recipe 22

豆腐の白玉だんご

材料（4食分・約24個）

豆腐（絹ごし、木綿どちらでも）
　… 1/2丁（150g）
白玉粉 … 100g
A 黒すりごま … 大さじ1
　砂糖 … 小さじ1

作り方

1_ ボウルに豆腐と白玉粉を入れ、手でよくこねる。粉っぽさがなくなり、耳たぶくらいの柔らかさになったら直径2cmほどに丸める。

2_ 鍋にたっぷりの湯を沸かし、1を入れてゆでる。だんごが浮き上がってきたら、氷水にとって水気を切る。

3_ 器に盛り、混ぜ合わせたAをかける。（お好みで抹茶パウダー、みたらしのタレ、きなこと黒蜜などをかけてもおいしい）

ふわふわ食感！
豆腐を入れれば
時間が経っても
かたくならない
120kcal

材料は
たった3つ！
豆腐のコクで
生クリームいらず
153kcal

Recipe 23

豆腐の生チョコ

材料（4食分・約16個）

絹ごし豆腐 … 70g
板チョコレート … 100g
ココアパウダー … 適量

作り方

1_ チョコレートは細かく割り、耐熱ボウルに入れる。ふんわりとラップをし、電子レンジで1分半ほど加熱するか湯せんで溶かし、なめらかになるまで混ぜる。

2_ 豆腐はキッチンペーパーに包み、電子レンジで4分ほど加熱して水切りする。

3_ 別のボウルに2を入れ、泡立て器でつぶしながら、ダマがなくなりなめらかになるまで混ぜる。（裏ごしすると、よりなめらかになる）

4_ 3を1に加えてよく混ぜ合わせたら、ラップまたはクッキングシートをしいたタッパーに流し入れ、ゴムべらで平らにならす。ふたをして、冷蔵庫で2時間以上冷やす。

5_ 固まったら、包丁で小さな正方形に切り分け、ココアパウダーをまぶす。

Recipe 24

豆乳プリン

混ぜて、チンして冷やすだけ！甘さは黒蜜の量で自分好みに

PROCESS

パックにハサミで切り込みを入れると、中身を出しやすくなる。

材料（2人分）

豆乳（成分無調整）
　… 1パック（200mℓ）
粉ゼラチン … 3〜5g
（大さじ2の水で5分ふやかす）
砂糖 … 大さじ1
きなこ … 大さじ1
黒蜜 … 大さじ2

作り方

1_ 豆乳は紙パックの上部をハサミで切り開き、耐熱容器に注ぐ。砂糖を加えて混ぜたら、電子レンジで2分ほど加熱する。レンジから取り出したら、ゼラチンを加え、しっかり混ぜる。

2_ 1を紙パックに戻し、粗熱がとれたら上部にラップをして、冷蔵庫で4〜5時間ほど冷やす。

3_ 固まったら、食べやすいサイズに切るか、すくって器に盛る。仕上げにきなこと黒蜜をかける。（お好みでカラメルソースをかけてもおいしい）

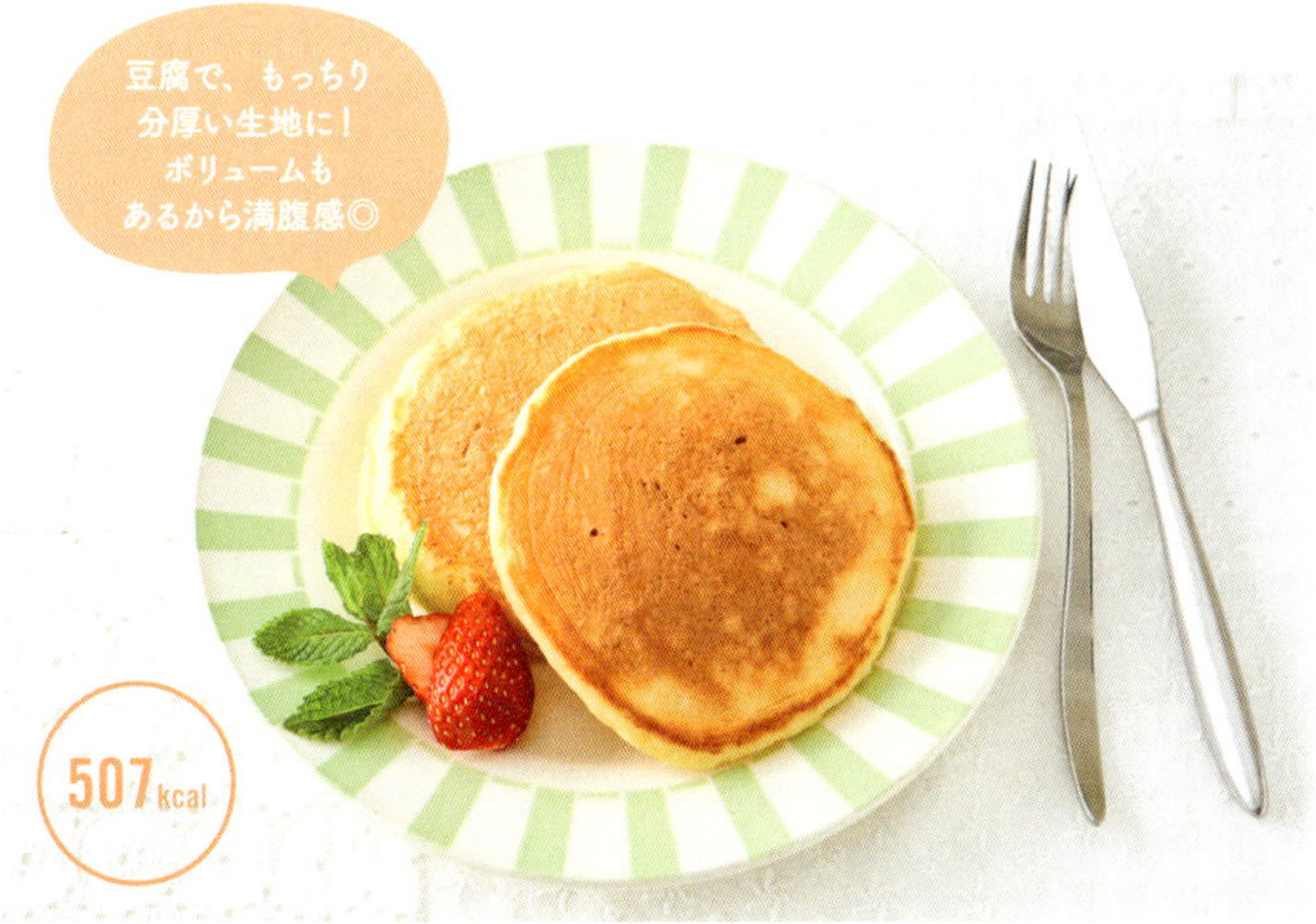
豆腐で、もっちり分厚い生地に！ボリュームもあるから満腹感◎
507kcal

Recipe 25

豆腐のパンケーキ

材料（2人分・4枚）

絹ごし豆腐
　… 1/2丁（150g）
ホットケーキミックス
　… 200g
卵 … 1個
牛乳 … 50mℓ
サラダ油 … 大さじ1
いちご、ミント（お好みで）

作り方

1_ ボウルに豆腐を入れ、泡立て器でつぶすように混ぜる。なめらかになったら、卵を加える。

2_ ホットケーキミックスを加え、さらに牛乳を少しずつ加えて混ぜ合わせる。

3_ フライパンに油を弱火で熱し、2の1/4量を円形になるように流し入れたら、ふたをする。

4_ 表面が乾いてきたら裏返し、ふたをして、さらに3〜5分ほど焼く。残りの3枚も同様に焼く。

5_ 中まで火が通ったら器に盛り、お好みでいちごやミントを飾る。

罪悪感ゼロ!

揚げないフライ

ダイエットの敵だけど、やっぱり食べたい。そんな揚げ物を“揚げず”に再現!

乾煎りした
パン粉がサクサク!
見た目は
まさに揚げ物

340kcal

フォロワー人気
第1位

Recipe
26

揚げないチーズささみカツ

材料(2人分・4個)

鶏ささみ肉 … 4本
とろけるチーズ … 2枚
(それぞれ半分に切る)
大葉 … 4枚
パン粉 … 大さじ4
塩・こしょう … 少々

A
卵 … 1個
水 … 小さじ2
小麦粉 … 大さじ4

作り方

1_ フライパンにパン粉を入れ、きつね色になるまで10分ほど乾煎りしたら、バットに広げておく。

2_ 鶏肉は表面に包丁で細かく切り込みを入れ、さらに包丁の背で軽く叩いて厚みを均一にし、塩・こしょうをする。

3_ 鶏肉1本にチーズ1/2枚、大葉1枚をのせ、くるくると巻く。

4_ 混ぜ合わせたAに3をくぐらせ、1のパン粉を全体につける。

5_ アルミホイルを広げ、4を並べたら、トースターで10分ほど焼く。裏返して、中に火が通るまで、さらに5〜10分ほど焼く。

PROCESS

パン粉はきつね色になるまで乾煎りし、サクサク食感に。

Recipe 27

揚げないチーズハムカツ

揚げなくても
チーズが
とろ〜り！
食べごたえも十分
448kcal

材料（2人分・2個）

ロースハム … 8枚
とろけるチーズ … 6枚
パン粉 … 大さじ4
A 卵 … 1個
水 … 小さじ2
小麦粉 … 大さじ4

作り方

1_ フライパンにパン粉を入れ、きつね色になるまで10分ほど乾煎りしたら、バットに広げておく。
2_ ハム4枚とチーズ3枚を交互に重ね、コップなどの丸い容器で型抜きする。
3_ 混ぜ合わせたAに2をくぐらせ、1のパン粉を全体につける。
4_ アルミホイルを広げ、3を並べたら、トースターで5分ほど焼く。裏返して、さらに5分ほど焼く。

PROCESS

重ねたハム＆チーズは、コップなどを使うと型抜きしやすい。

Recipe 28

揚げないみぞれからあげ

さっぱり
ジューシー。
大根おろしで
やさしい風味に
374kcal

材料（2人分）

鶏肉 … 1枚（300g）
（ひと口大に切る）
A しょうゆ … 大さじ2
酒 … 大さじ1/2
みりん … 大さじ1/2
おろししょうが
（チューブ）… 3cm
おろしにんにく
（チューブ）… 3cm
片栗粉 … 大さじ3
大根おろし … 100g
小ねぎ（お好みで）

作り方

1_ ジッパーつき保存袋に鶏肉とAを入れ、1時間ほど漬け込む。
2_ 鶏肉を取り出したら片栗粉をまぶし、トースターで8分（または180℃のオーブンで15分）ほど焼く。
3_ 中まで火が通ったら器に盛り、大根おろしをかけ、お好みでねぎをちらす。

ヘルシー小鉢

おかずがもう1品欲しいときや、お酒のおつまみにも。どれも調理は超簡単！

29 無限もやし

簡単な味つけだけど、箸が止まらないおいしさ！

46kcal

材料（2人分）

もやし … 1袋（200g）
ツナ缶（ノンオイル）… 1缶
鶏がらスープのもと … 小さじ2
塩・こしょう … 少々
白いりごま（お好みで）

作り方

1_ ツナはキッチンペーパーにのせて水気を切る。
2_ 耐熱ボウルにもやし、鶏がらスープのもと、塩・こしょうを入れて混ぜる。
3_ 1を加え、電子レンジで3分ほど加熱したら、よく混ぜ合わせる。お好みでごまをちらす。

30 ツナ枝豆

和えるだけ！素材がヘルシーならマヨネーズもOK

111kcal

材料（2人分）

枝豆（豆のみ）… 80g
ツナ缶（ノンオイル）… 1/2缶
マヨネーズ … 大さじ1
塩・こしょう … 少々

作り方

1_ ツナはキッチンペーパーにのせて水気を切る。
2_ ボウルにすべての材料を入れ、混ぜ合わせる。

31 ささみキムチ

キムチが効いた韓国風おつまみ。ごま油が隠し味

101kcal

材料（2人分）

鶏ささみ肉 … 2本
キムチ … 30g
きゅうり … 1本（千切り）
A しょうゆ … 小さじ1
　鶏がらスープのもと … 小さじ1
　ごま油 … 小さじ1/2
白いりごま（お好みで）

作り方

1_ 鍋に湯を沸かし、鶏肉を入れて10分ほどゆでる。氷水で冷やし、食べやすい大きさに裂いておく。
2_ ボウルに1、キムチ、きゅうりを入れ、混ぜ合わせたAを加え、よく混ぜる。お好みでごまをちらす。

かつおぶしが香る
和風味。
キャベツの
食感も楽しめる

32 じゃがいもとキャベツのポテトサラダ

材料（2人分）

じゃがいも … 200g
キャベツ … 1枚（千切り）
A かつおぶし … 1パック
　マヨネーズ … 大さじ2
　しょうゆ … 小さじ1
　塩・こしょう … 少々

作り方

1_ 鍋に皮をむいたじゃがいもと水（分量外）を入れ、竹串が通るまで15分ほどゆでる。ボウルに取り出したら、つぶす。
2_ キャベツとAを加え、しっかり混ぜ合わせる。

サーモンは
たんぱく質も豊富。
ごはんにのせても、
おつまみにも！

33 サーモン黒こしょう

材料（2人分）

サーモン … 70g（角切り）
しょうゆ … 小さじ1
ごま油 … 小さじ1
黒こしょう … 適量

作り方

1_ ボウルにサーモンを入れ、しょうゆとごま油を回しかける。さらに黒こしょうを加えて混ぜる。
2_ 冷蔵庫で20〜30分ほど冷やす。

34 白菜炒めおひたし

材料（2人分）

白菜 … 1枚（2cm幅に切る）
A 水 … 50mℓ
　和風顆粒だし … 小さじ1
　しょうゆ … 小さじ1
　酒 … 小さじ1
オリーブオイル … 小さじ1
かつおぶし（お好みで）

作り方

1_ フライパンに油を熱し、白菜を入れて3分ほど炒める。
2_ しんなりしてきたら、Aを加え、全体を絡ませるように軽く炒める。お好みでかつおぶしをちらす。

炒めた白菜の
甘みが、
口の中に
ふわっと広がる！

お手軽！

炊飯器レシピ

炊飯器はおかずの調理にも便利。スイッチを押すだけだから、失敗なし！

Recipe 35 丸ごと玉ねぎのむくみ解消スープ

材料（約2杯分）

玉ねぎ … 小3個
A ベーコン … 3枚
（1cm幅に切る）
しめじ … 1/2袋
（石づきを取り、小房に分ける）
水 … 600mℓ
コンソメ（キューブ） … 2個
こしょう、パセリ（お好みで）

PROCESS

下ごしらえした材料を炊飯器へ投入するだけだから、超簡単。

196kcal
玉ねぎの
とろりとした
甘みが
ヤミツキに！

作り方

1_ 玉ねぎは上下を切り落とし、上部に8等分の切り込みを入れておく。

2_ 炊飯器に1を並べてAを加え、炊飯スイッチを入れる。

3_ 炊き上がったら器に盛り、お好みでこしょうやパセリをちらす。

Recipe 36 鶏ハム

193kcal
味つけは
しっかり。
ぷりっぷりの
柔らかハム

材料（2人分）

鶏むね肉 … 1枚（300g）
塩 … 3g（鶏肉の1%程度）
オリーブオイル
… 小さじ2

作り方

1_ 鶏肉は皮を取り除く。両面に塩をすり込んで10分おき、さらに両面に油を塗り込む。（お好みで塩をハーブソルトに変えてもおいしい）

2_ ラップを広げ、鶏肉を横長に置き、手前からくるっと巻く。ラップを密着させて筒状に形を整え、両端をきゅっとひねって閉じたら、ジッパーつき保存袋に入れる。

3_ 2を炊飯器に入れ、70℃程度の湯をひたひたになるくらいまで注ぎ、保温スイッチを入れる。

4_ 取り出したら、保存袋ごと氷水に入れて10分ほど冷やす。

5_ ラップをはがし、食べやすい大きさに切る。

おなじみのアレを

再現レシピ

ダイエット中は手を出しにくいジャンクフードを、自己流でヘルシーに。

37 フライドポテト

材料（2人分）

木綿豆腐 … 1丁（300g）
塩・こしょう … 少々
揚げ油 … 適量
塩、青のり、カレーパウダーなど（お好みで）

作り方

1_ 豆腐はキッチンペーパーに包み、電子レンジで3分ほど加熱してよく水切りする。
2_ 1を1cm幅にスライスして、さらに1枚を1cm幅に切り、細長い角棒状にする。
3_ 塩・こしょうをしたら、170℃の油で、きつね色になるまで揚げる。
4_ お好みで塩や青のりなどをまぶす。

PROCESS

細長い角棒状にした豆腐を、カラッときつね色になるまで揚げる。

38 ポテトチップス

材料（2人分）

じゃがいも … 100g
塩 … 適量
こしょう（お好みで）

作り方

1_ じゃがいもはスライサーで薄切りにして、キッチンペーパーに包んで水切りする。
2_ 1をクッキングシートの上に並べる。塩と、お好みでこしょうをふったら、電子レンジで5分ほど加熱する。裏返して、さらに3分ほど加熱する。

PROCESS

スライサーで薄切りにして、キッチンペーパーの上に並べていく。

39 からあげ

材料（4食分・約20個）

鶏むねひき肉 … 100g
鶏ももひき肉 … 100g
木綿豆腐 … 200g
市販のからあげ粉 … 50g
レッドペッパー、粉チーズ、ゆずこしょうなど（お好みで）

作り方

1_ 豆腐はキッチンペーパーに包み、電子レンジで3分ほど加熱して水切りする。
2_ ボウルに1を入れ、からあげ粉を加えてよく混ぜる。さらにひき肉を加え、粘りが出るまで混ぜ合わせる。
3_ お好みでレッドペッパーなどを加えたら、20等分にして丸め、クッキングシートの上に並べる。
4_ 250℃に温めたオーブンで20分ほど焼く。様子を見ながら1分ずつ追加し、焼き色がつくまで焼く。

PROCESS

ひき肉は、粘りが出るまで、よく混ぜ合わせるのがポイント。

コンビニごはんは、じつはダイエットの味方！

コンビニ食は、じつはヘルシーなものも多く、カロリー表示もあるから便利！ 私がよく食べる、おすすめをご紹介します。

もち麦のおにぎり

約165kcal

約160kcal

おにぎりを買うときは、基本「もち麦」に。白ごはんより約40kcal低く、食物繊維やほかの栄養素も豊富。味もしっかりしていて美味！

春雨入りちゃんぽんスープ

約175kcal

約135kcal

具材がたっぷり入っているから、おなかが大満足。それでいて、このカロリーは嬉しい。食べすぎた日の翌日のランチは、これだけでも。

ワンタンスープ

カップスープ

約70kcal

約55kcal

約90kcal

ランチはもちろん、小腹が空いたときにも大活躍！ おなかの空き具合で、具材を選んでいます。種類も豊富なので飽きません。

野菜の惣菜

約65kcal

約25kcal

「もう1品欲しい」「野菜が足りない」というときの味方。あっさり系から、こってり系のものまであるので、その日の気分で選べます。

茶碗蒸し

約80kcal

手の平くらいのサイズ感で、なんと約80kcal。鶏肉やかまぼこなども入っているので、たんぱく質もとれるし、食べごたえも◎。

カットサラダ

約30kcal

ノンオイルドレッシング

約25kcal

野菜をたくさんとりたい日に！サラダを食べるときは、ドレッシングのカロリーは気にせず、好きな味をチョイスしています。

おかずサラダ

約195kcal

野菜も、たんぱく質もとれるうえに、食べごたえも十分。豚しゃぶ以外にも、チキン、ツナ、卵が入ったサラダなどをよく食べます。

煮物

約190kcal

しっかり野菜をとりたい日に、サラダ以外におすすめなのが煮物。肉や卵入りのものを選べば、たんぱく質も豊富で一石二鳥！

焼き魚

約120kcal

肉の惣菜

約180kcal

お肉やお魚料理などの主菜も、カロリーが書いてあるので、目標カロリーをオーバーしないものを選ぶことができます。

ヨーグルト

約35kcal

種類によってはカロリーが高めですが、「ガセリ菌ＳＰ株ヨーグルト」は35 kcalと優秀。食後のデザートや小腹が空いたときのおともに。

カットフルーツ

約60kcal

デザートが欲しいときは、スイーツではなくカットフルーツをセレクト。甘いスイーツだと、200～300kcalくらいになってしまいます。

600kcal以下で組み合わせ自由自在！

hazu流コンビニランチ献立7選

低カロリーでも、こんなに食べられる！　栄養バランスも◎な、おすすめの組み合わせをご紹介。

お肉を食べても300kcal台！

合計375kcal

もち麦のおにぎり（梅こんぶ）

約160kcal

＋

チキンステーキ

約150kcal

＋

長いもの惣菜

約65kcal

ボリューム満点スープでおなかいっぱい！

合計395kcal

もち麦のおにぎり（梅こんぶ）

約160kcal

＋

春雨入りちゃんぽんスープ

約175kcal

＋

カットパイン

約60kcal

低カロリーだけどたんぱく質もしっかり！

合計415kcal

もち麦のおにぎり（紅鮭わかめ）

約165kcal

＋

ほっけの塩焼き

約120kcal

＋

ツナと卵のサラダ
ノンオイルドレッシング（青じそ）

約25kcal　約105kcal

汁物があると
満腹感が出る

合計445kcal

もち麦のおにぎり（梅こんぶ）

約160kcal

＋

豚しゃぶサラダ

約195kcal

＋

ミネストローネ

約90kcal

合計500kcal

惣菜2品で
栄養価もアップ！

豆腐とわかめの
味噌汁

約55kcal

＋

もち麦のおにぎり
（紅鮭わかめ）

約165kcal

＋

鶏と大根の煮物

約190kcal

＋

きゅうりの惣菜

約25kcal

長いもの惣菜

約65kcal

好きな具材の
おにぎり1つに
変えてもOK

合計530kcal

もち麦のおにぎり
（紅鮭わかめ）

約165kcal

もち麦のおにぎり
（梅こんぶ）

約160kcal

＋

チーズハンバーグ

約180kcal

＋

きゅうりの惣菜

約25kcal

合計590kcal

しっかり
ごはんを食べても
セーフ！

さばとあごだしごはん

約475kcal

＋

茶碗蒸し

約80kcal

＋

ヨーグルト

約35kcal

食べても罪悪感なし!

お気に入りのごはん&おやつ

ダイエット中によく食べていた、ごはんやおやつをご紹介します。
どれもヘルシーなのに美味。食べごたえもあって、おなかも満足!

大塚食品

マイサイズ マンナンごはん

コシヒカリとこんにゃく生まれの粒でできたごはん。トレーがお皿代わりになるから会社ランチにもおすすめ。¥132(編集部調べ) https://www.otsukafoods.co.jp/product/mysize/

大塚食品

マイサイズ ハヤシ・親子丼

マンナンごはんと合わせて食べても約250kcal。箱ごとレンジで温めることができるから、調理も手軽です。各¥124(編集部調べ) https://www.otsukafoods.co.jp/product/mysize/

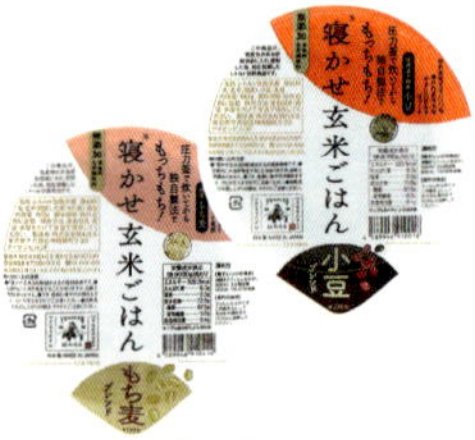

結わえる

寝かせ玄米® ごはんパック

特殊な圧力釜で炊いた玄米は、もっちりした食感でおいしい! 食物繊維も豊富なうえ、おなかも満足。もち麦ブレンド¥296 小豆ブレンド¥286 https://www.nekase-genmai.com/

一柳こんにゃく店

こんにゃくベーグル

こんにゃくを40%以上含有したヘルシーベーグル。噛めば噛むほどに、味わいが広がります! 6個セット¥1,400〜 https://www.rakuten.ne.jp/gold/ichiryukonnyaku/

朝ごはんラボ

グルフリサブレ

小麦粉不使用の米粉クッキー。きび砂糖のやさしい甘さも特徴です。プレーン、珈琲、チーズ、抹茶の4種セット。¥1,390 https://www.rakuten.ne.jp/gold/asagohan/

YK通販ショップ

豆乳おからクッキー プレーン(硬焼き)

ポリポリとした歯ごたえが特徴の硬焼きタイプ。小腹が空いたときや夕食がちょっと足りないときにつまんでいます。1kg¥2,180 https://www.rakuten.co.jp/ykservice/

菓匠 神林堂

豆乳おから ダイエットクッキーバー

老舗の菓匠が手掛けたクッキー。おから入りだから食物繊維も豊富です。個包装になっているので持ち運びも便利。1kg¥3,434 https://www.rakuten.ne.jp/gold/shinrindo/

信州いいものラボ

おからスティック

長野県産のおからがたっぷり練り込まれています。ポリポリとした食感と、香ばしいごまの香りがクセになる! 180g×2袋入り¥1,680 https://www.rakuten.ne.jp/gold/pleasive/

CHAPTER 04

＼続けられるトレーニングだけやればいい／

きつくないのに、からだが引き締まる！おうちラクトレ

「きつくないと効かない」なんてことは、ありません！
ラクトレだって続ければ、ウエストも脚もキュッと引き締まります。

MY STORY

運動音痴でもできる! 宅トレ、スタート

気づいたら無意識にからだを動かすようになっていました
テレビやスマホを見ながら20回!!
〝運動音痴＝トレーニングはできない〟
って思い込んでいたな〜
さらにボディラインにメリハリが!
同じ体重なのに!!
昔の写真と見比べてみるとボディラインが全然違う
モチベアップ!!
彼は気づいているのだかよくわからないけれど……
私は私が変わったことを知っている!
変化をいちばんわかっているのは自分自身!
私、よく頑張りました
俺も本当は気づいているさ
どんどんきれいになっていくし性格も明るくなったよね

トレーニングは「きついけど効く」より「ラクだから続く」ものを選ぼう

トレーニングは、「きついほどに効く」とか「きつくないと効かない」と思っている人は多いですよね。そんなイメージから、「運動が苦手な自分には無理」「きついことを続ける自信がない」と、諦めてしまっている人もいると思います。

かくいう私も、その1人でした。

私はもともと、運動が大の苦手。子どもの頃から、自他ともに認める運動音痴でした。だからダイエットを始めたものの、食事の管理だけに集中し、トレーニングは避けていたのですが、それでも体重を落とすことはできました。

しかし、体重が減ったにもかかわらず、「くびれ」とか「引き締まり」といったメリハリは皆無。細くはなったけれど、寸胴体型は変わらなかったのです。スタイルのいい人たちと私とでは、何が違うのだろう。その疑問を解決すべく、いろいろ調べてわかったのが、**体重は食事で変えられるけど、見た目を変えるためには「トレーニングが不可欠」**ということです。

そんな経緯から、運動嫌いながらもトレーニングを始めることにした私。とはいえ、ジム通いやハードな運動は、1日でやめてしまう自信がありました。そこで始めたのが、運動嫌いでも続くくらいラクなトレーニング。テレビを見ながらでもできるラクトレをコツコツ続けると、からだは少しずつ変化。憧れのくびれもできてきたのです。

これまでの章でもお伝えしてきたように、ダイエットでいちばん大事なのは「続けること」。それは、トレーニングも同じです。どんなにハードで効きそうなトレーニングも、続けなければ効果はありません。**きついトレーニングを短期集中でやるより、負荷が低くてラクなトレーニングを毎日続けるほうが、格段に効く！** 腹筋１００回を3日でやめるより、10回を一生続けるほうが、絶対的に体型維持できるのです。

また、無理に回数を多くしたり、種目を増やす必要もありません。**できるときに、できる種目を、できる回数やればOK。**私もそうでしたが、最初は10回もできなくても、続けているうちに、自然と20回、30回……と、できるようになっていきます。大事なのは、「つらくない」こと、そして「つらいことはやらない」こと。継続に勝るものはないのだから、たとえラクトレでも、続ければ絶対にからだは変わります。

ラクトレだって効果抜群。続ければ、からだにメリハリが！

「本当にラクトレで、からだは変わるの？」と思う人もいるかもしれません。ズバリ、確実に変わります！　私も最初は、半信半疑。でも、**続けていると、ウエストも脚も腕も、少しずつ引き締まっていくのを実感。**体重は同じなのに見た目はどんどん変化するので、鏡を見るのが楽しくなりました。

　ただし一度変わっても、やめてしまえば、もとに戻ります。ここで欲張って無理に種目数を増やしたり、ハードなことをすれば、やめてしまう可能性大。**焦らず、欲張らず、今できることをコツコツ続けていくことこそが大事です。**P114からは、おうちでできるラクトレを紹介します。まずは、1日1種目でもいいので、できることから始めてみましょう。

同じ体重なのに、見た目がこんなに変わった！

BEFORE　AFTER

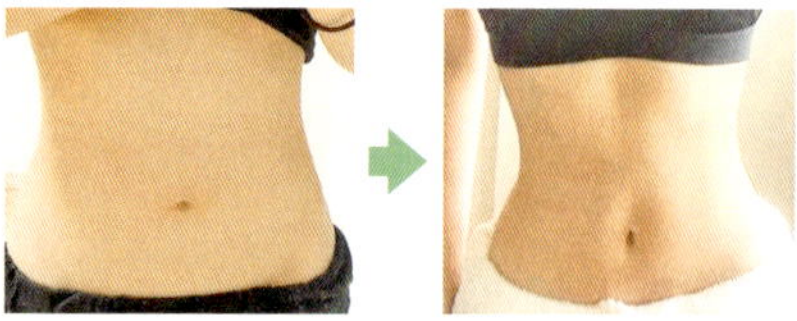

くびれができ、うっすら縦線も。自然とおなかに力が入るようになり、姿勢もシャキッ！

BEFORE　AFTER

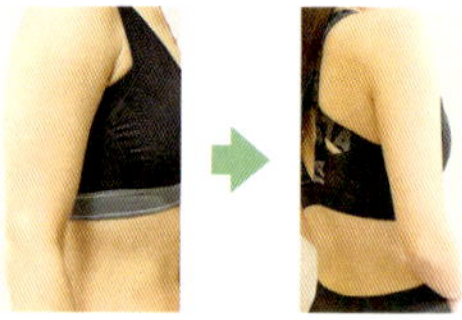

肩まわりや二の腕のもたつきが消え、ほっそり。背中もすっきりして、メリハリある上半身に。

BEFORE　AFTER

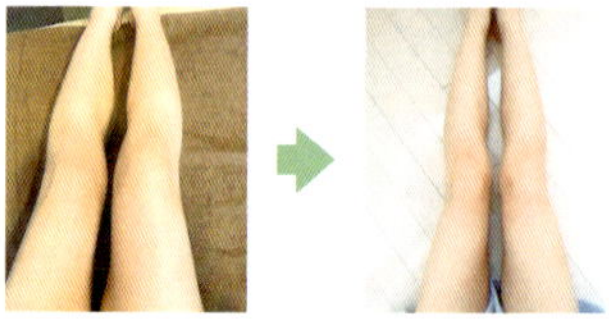

内ももの隙間が広くなり、全体的に引き締まった脚に。長くなったように見える！

hazu流トレーニングの基本マインド

POINT 1

できるものをできる回数やればOK

大事なのは、種目数や回数を増やすことではありません。P114から紹介するトレーニングに添えた回数や時間は目安なので、つらくない数に変えてOK。自分のペースでやりましょう。

POINT 2

欲張っちゃダメ！まずは1種目から始めよう

早く結果を出したいという気持ちから、あれこれやろうとすると、しんどくなって全部やめてしまう原因に。運動初心者は、まずは1種目から。それができたら、ステップアップ！

POINT 3

ながらトレでおうち時間を活用しよう

ジムに行ったり、わざわざ時間を作らなくても大丈夫。ラクトレならば、おうちでスマホやテレビを見ながらでもできます。気負わず、気軽に実践して、毎日の習慣にしていきましょう。

POINT 4

しんどいときは、無理をしない。自分のペースでやろう

疲れている日は、お休みしましょう。無理にやっても、つらくなるだけ。お休みしても誰にも迷惑はかけないし、「体調を考慮した休息＝サボり」ではないので、自分を責めないで。

POINT 5

昨日より1回でも多くできたら、自分をほめよう

最初は数回しかできなくても、続けていれば、自然とできる回数も増えていきます。昨日より1回でも増えたら、進歩したということ。その進歩を少しずつ重ねていけば、からだは確実に変わっていきます。

10回でも10秒でも
いいから、続けることが
いちばん大事！

スマホやテレビを見ながらできちゃう！

ながらのラクトレ

座り姿勢や寝た姿勢でできて、動きも簡単。隙間時間に、気軽に始めてみましょう。

おなかに効く！①

たるんだ下腹の引き締めに！

ニートゥチェスト

ひざを胸に近づける動きで、下腹部を刺激。
ぽっこりおなかが、すっきりペタ腹に。

01

脚を伸ばして座ったら、両手をお尻の後方につき、軽くひじを曲げる。指先は、お尻の方向へ。下腹部に力を入れて、からだを支えながら、脚を床から少しだけ浮かせる。息を大きくすって準備。

つま先をそろえ、
床から浮かせる
おなかに力を入れて
脚をキープ

02

息をはきながら、ひざを胸にゆっくり近づける。息をすいながら、再び脚をゆっくり伸ばし、最初の姿勢へ。これを10回くり返す。おなかの力で脚を動かすイメージで行うのがポイント。

目標
10回

ひざを胸に近づける
おなかの
力は
入れたまま

目標の回数や時間は、
あくまでも目安!
無理なくできる数字を
自分で設定して。

おなかに効く！②

エア自転車こぎ

おなかまわりの
脂肪を撃退

おなかだけでなく、下半身もすっきり！
腸を刺激するから便秘改善にも効果的。

目標
1分

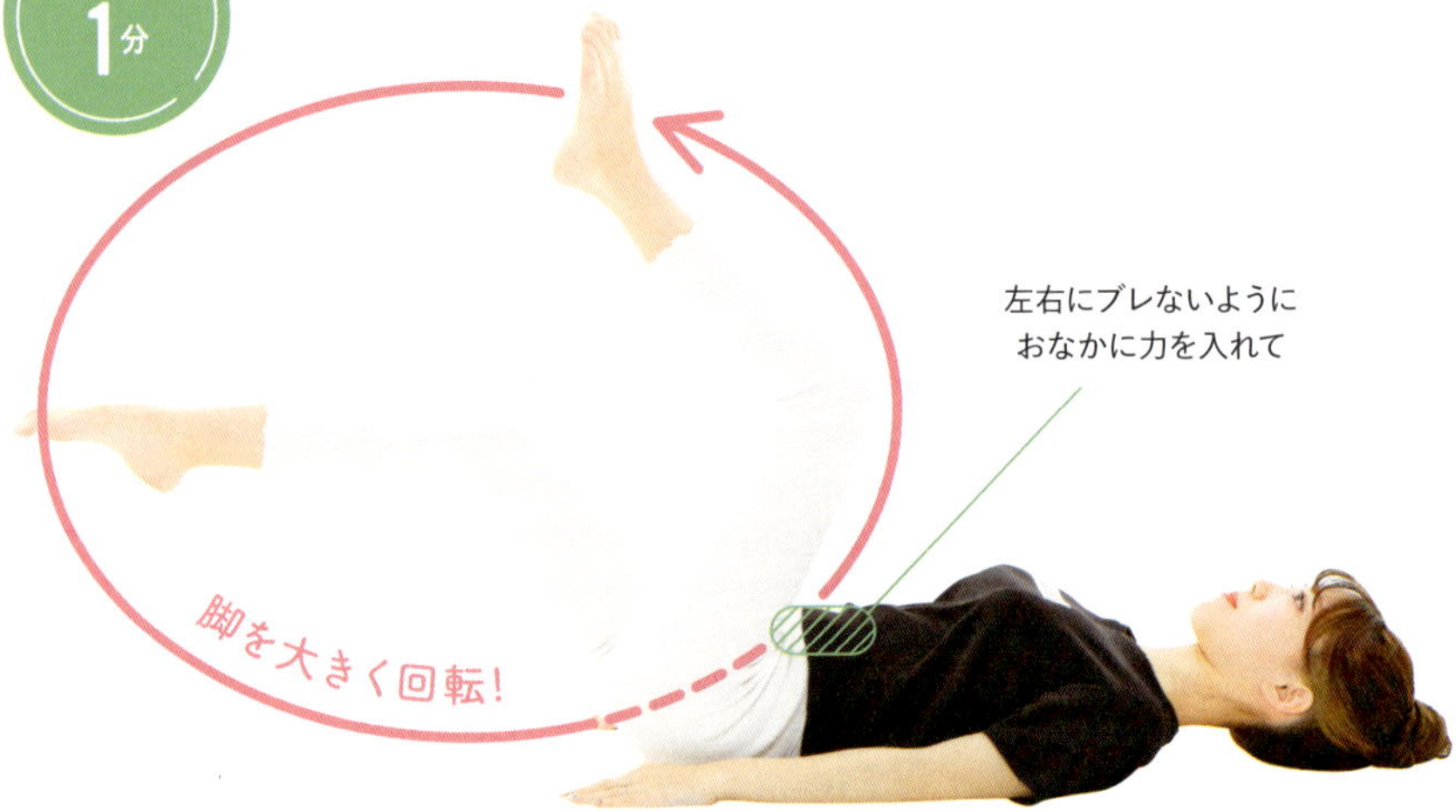

あお向けになったら、両脚を高く上げる。おなかに力を入れて、からだを安定させたら、自転車をこぐイメージで脚を大きく回転。呼吸は止めず、リズミカルに、1分くり返す。脚は、股関節から大きく回すことを意識して！

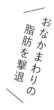

背中に効く!

バックエクステンション

猫背改善!
姿勢もよくなる

背中を鍛えれば、背すじも伸びて美姿勢に!
気になる背中の脂肪もすっきり落とす。

01

うつ伏せになったら、ひじを軽く曲げ、両手を顔の前あたりにセット。顔は自然に浮かせ、脚は力を抜いて伸ばしておく。息を大きくすって準備。

目標 10回

02

肩甲骨同士を背中の中央に寄せるイメージで、息をはきながら、ひじを後方へ。その腕に引っ張られるように上体も胸までアップ。同時に、脚も床から浮かせる。これを10回くり返す。

わきを締め、
肩甲骨を寄せるように
胸と太ももを同時に浮かせる
みぞおちまでUP!
太ももまでUP!

寝たままバタ足

お尻が冷えている人は、絶対やって！

お尻の冷えは、代謝低下の原因に！
お尻の筋肉を刺激すれば、全身の血流もアップ。

01

うつ伏せになったら、ひじをつき、上体を床から浮かせる。足はつま先をそろえ、後方へ伸ばしながら、10㎝ほど浮かせておく。

つま先をそろえ、
からだから遠ざけるように

目標
20回

02

お尻と太もも裏の筋肉を使って、足を上下にバタバタ。ひざはしっかり伸ばし、股関節から脚全体を動かすことがポイント。これを呼吸は止めずに、20回くり返す。

お尻と太もも裏の
筋肉を使って
足を上下にバタバタ！
動きは小さくてOK！

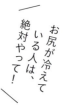

お尻に効く! ②

うつ伏せ脚パカ

キュッと上がったお尻になる

垂れたお尻や腰まわりの脂肪にアプローチ。
脚をパカパカするだけで、ヒップアップ!

01 うつ伏せになったら、両手をあごの下で組んで、上半身はリラックス。つま先をそろえ、ひざを伸ばしたら、足を床から10㎝ほど浮かせる。足だけでなく、太ももまでアップ。

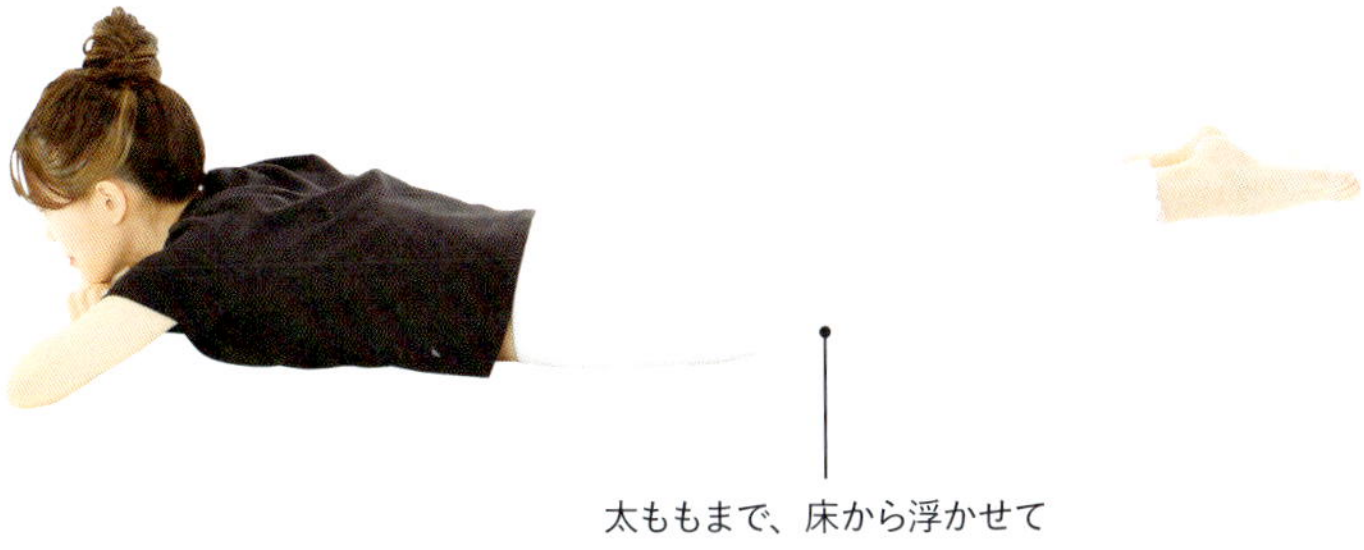

目標 10回

02 太もももで浮かせたまま、脚を大きく左右にパカパカ。ひざはしっかり伸ばし、お尻の筋肉を使いながら、脚全体を動かすことを意識して。これを呼吸は止めずに、10回くり返す。

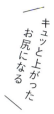

\ トレーニングがつらければ… /

ストレッチでもOK!

超初心者さんや疲れている日などは、ここから始めましょう。
慣れたらぜひ、筋トレとセットで行って。

目標 20秒

おなかのストレッチ

うつ伏せになったら、両手を床につき、ひじを伸ばす。視線を天井に向けながら、しっかり上体を反らし、おなかをぐーっと伸ばす。座り姿勢が多かったり、猫背の人は、おなかの筋肉が縮こまりがち。伸ばすことで姿勢もよくなる。

おなかをぐーっと伸ばすように

太もものストレッチ

目標 左右 各20秒

あお向けになったら、片脚を曲げ、足裏をお尻の下につけて、太もも前側をぐっと伸ばす。反対の脚も同様に行う。悪い姿勢で立ったり、歩いたりしていると、太ももの前側に負荷がかかり、パツパツに張ってしまいがち。放置せずに、じっくりほぐして。

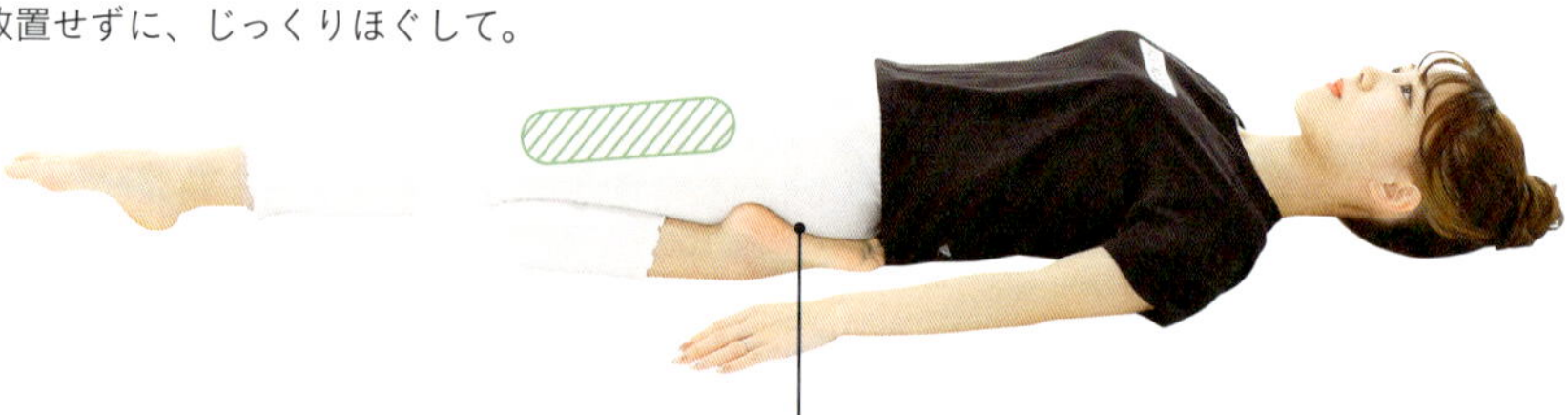

足裏をお尻にぴったりくっつけて

わき腹のストレッチ

目標
左右
各20秒

床に座ったら、両手をお尻の後方につく。まず両脚を伸ばした状態から、左脚だけ曲げ、右脚にクロスする。右のひじで、左ひざを内側に押し込みながら、わき腹の筋肉を伸ばす。反対側も同様に行う。

ひじでひざを内側に
押し込むように

全身のストレッチ

目標
20秒

あお向けになったら、両手を頭上へ。足先と手の指先を遠く離すようなイメージで、全身をぐーっと伸ばす。寝起きに行うのもおすすめ。からだも気持ちもすっきり！

つま先と手の指先をぐ〜〜っと引き離して

もうちょっと頑張る日にプラス！

部分やせトレ

慣れてきたら、少しずつ種目を増やしましょう。気になる部位や、できそうなものからトライして。

おなかに効く！①

連続クランチ

腹筋の縦線をつくるならこれ！

おなかまわりにある、腹直筋にアプローチ。
続けるうちに、腹筋の縦ラインも出現！

01

あお向けになったら、両手を頭の下で組む。おなかにぐっと力を入れ、おなかの力で支えるようにして脚をアップ。ひざは90度に曲げておく。息を大きくすって準備。

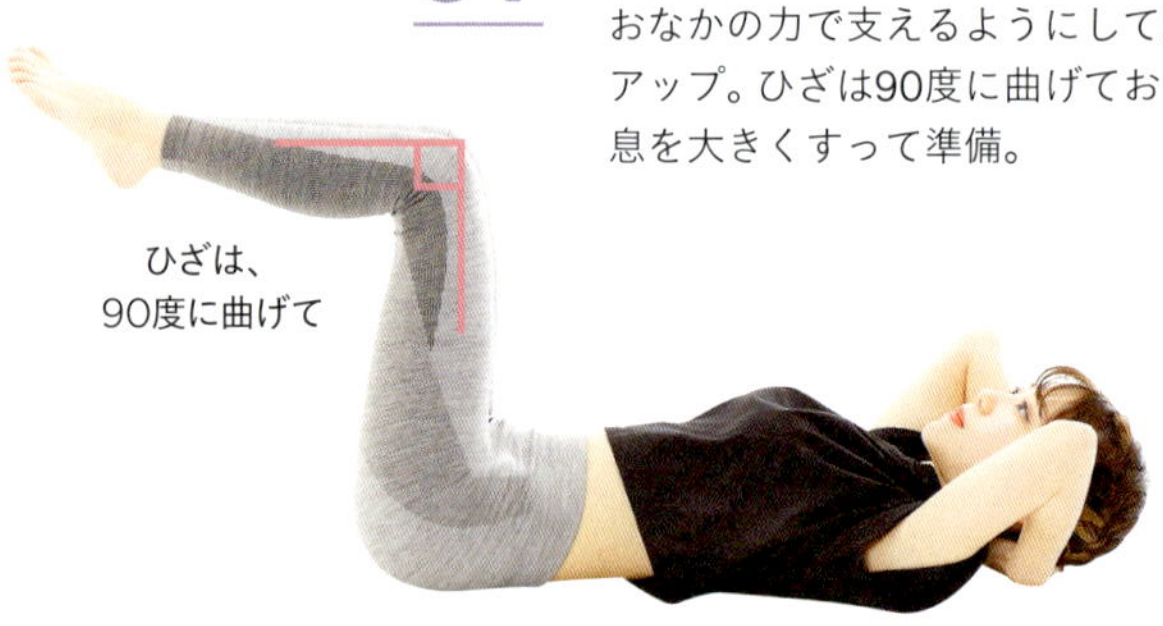

ひざは、
90度に曲げて

目標 10回

02

息をはきながら、おなかを縮めるイメージで、肩甲骨が浮く程度までゆっくり上体をアップ。息をすいながら、ゆっくりと、もとの体勢に戻る。これを10回くり返す。脚のアップがつらい人は、ひざは曲げたまま、床に足裏をつけて行ってもOK。

視線は
おへそに
おなかを縮めて上体を浮かせる
おなかに力を入れて、上体UP！

おなかに効く! ②

ロシアンツイスト

ウエストがキュッとくびれる

ひねる動きで、わき腹を刺激!
浮き輪のようについた腰上の脂肪を撃退。

01

床に座ったら、両脚をそろえて、ひざを軽く曲げる。息をすって、おなかにぐっと力を入れてから、上体を後方に倒していき、からだを支えられるギリギリでストップ。その体勢のまま、息をはきながらウエストをひねって、両手で床をタッチ。

上体は、
おなかの力で支えられる
ギリギリまで倒して
床にタッチ!

02

目標
左右
各10回

息をすいながら、からだを正面に戻し、息をはきながら、反対側にウエストをひねり、両手で床をタッチ。これを左右交互に10回ずつくり返す。勢いはつけず、ゆっくり行うほうが効果的。

指先で床タッチ!
おなかにぐっと
力を入れながら、
上体ごとひねって

これはNG!

上体を起こしたままでは
おなかに効かない

プランク

じわじわ温まって
代謝もアップ

体幹を鍛えるトレーニング。おなかはもちろん、全身のシェイプアップに効く！

目標
10秒

うつ伏せになったら、ひじを床につく。つま先とひじを支えに、からだ全体を床から浮かせる。このとき、頭からかかとまでが一直線になっていることが大事。おなかに力を入れながら、呼吸は止めずに、この体勢を10秒キープ！

体勢キープ！

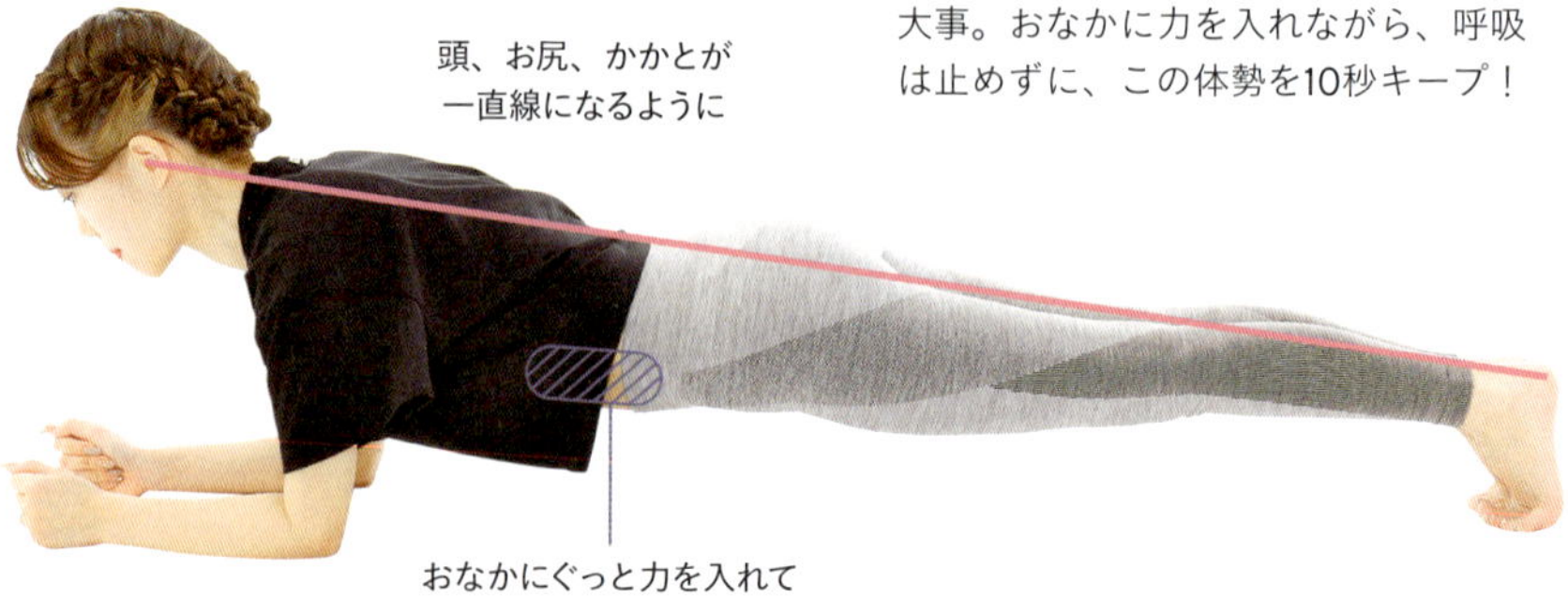
頭、お尻、かかとが
一直線になるように
おなかにぐっと力を入れて

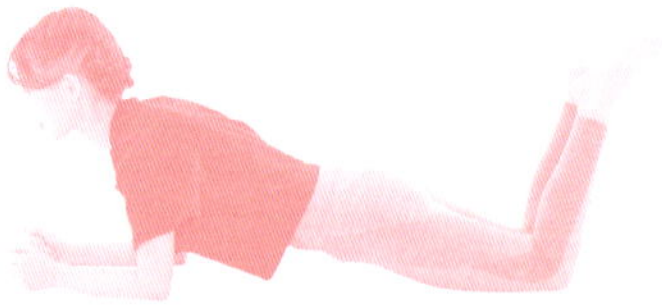

これでも
OK!
きつければ、まずは
ひざつきから始めよう

これは
NG!
お尻が浮くと、おなかの
力が抜けてしまう

おなかに効く! ④

サイクリング腹筋

続けるほどに
薄いおなかに

脚を動かし続けることで、下腹がすっきり!
こり固まった股関節をほぐす効果も。

01

あお向けになったら、脚を上げて、ひざを90度に曲げる。腕は体側に伸ばしておく。息を大きくすって準備。

ひざは、
90度に曲げて

02

脚をまっすぐ伸ばす

おなかに力を入れて、からだがブレないように意識しながら、右脚は顔のほうへ引き込み、左脚はまっすぐ遠くへ伸ばす。

03

脚を左右交互に入れ替える

おなかの力は抜かず、左右の脚を入れ替え。脚の位置が下がらないように気をつけながら、呼吸は止めずに、02、03を1分くり返す。

目標
1分

お尻に効く！①

ヒップエクステンション

お尻全体を引き締める

お尻の大きな筋肉を、じんわりと刺激。
ヒップと太ももの境目をつくる！

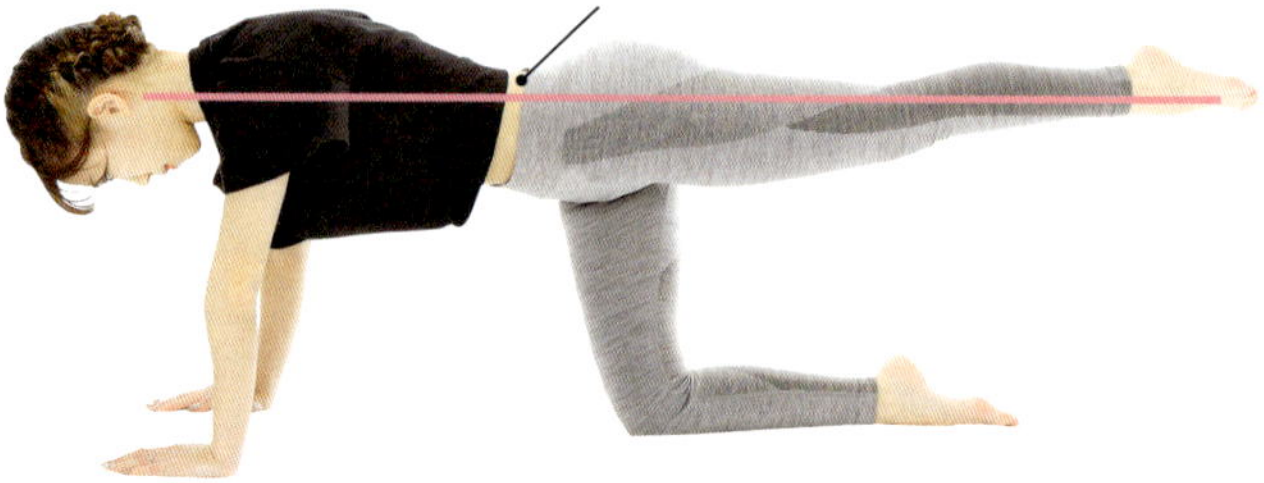
腰が反らないように注意！

01

両手を床につき、四つん這いになる。このとき、手は肩の下、ひざは股関節の下にセット。ひじはしっかり伸ばしておく。片脚だけ床から浮かせ、まっすぐ伸ばす。息を大きくすって準備。

お尻の筋肉を使って
脚を高く遠くへ上げる

02

伸ばした脚を、息をはきながら、高く遠くへアップ。このとき、お尻の筋肉を使って、脚全体を引き上げることが大事。息をすいながら、ゆっくりと、もとの位置に戻し、10回くり返したら、左右反対側も同様に行う。

目標
左右
各10回

これでも
OK!

腕がつらければ、
床に胸をつけよう

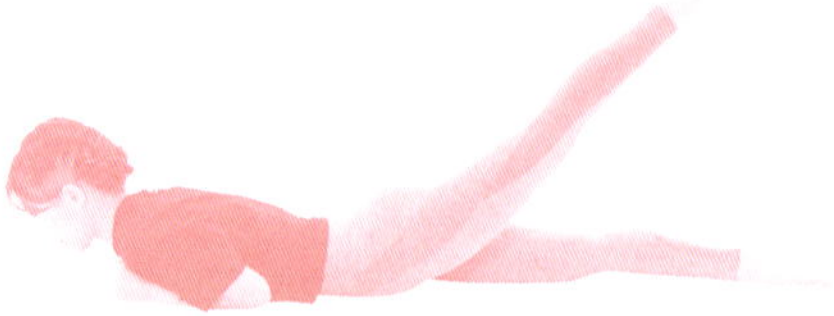

お尻に効く！②

ヒップリフトダイヤ

垂れたお尻を
もとの位置に！

お尻をキュッと引き上げるとともに、
骨盤のゆがみを改善する効果も。

01 あお向けになったら、足裏同士をぴたりとくっつける。脚の力を抜き、ひざを自然に開いた体勢に。腕は体側に伸ばし、肩の力も抜いてリラックス。

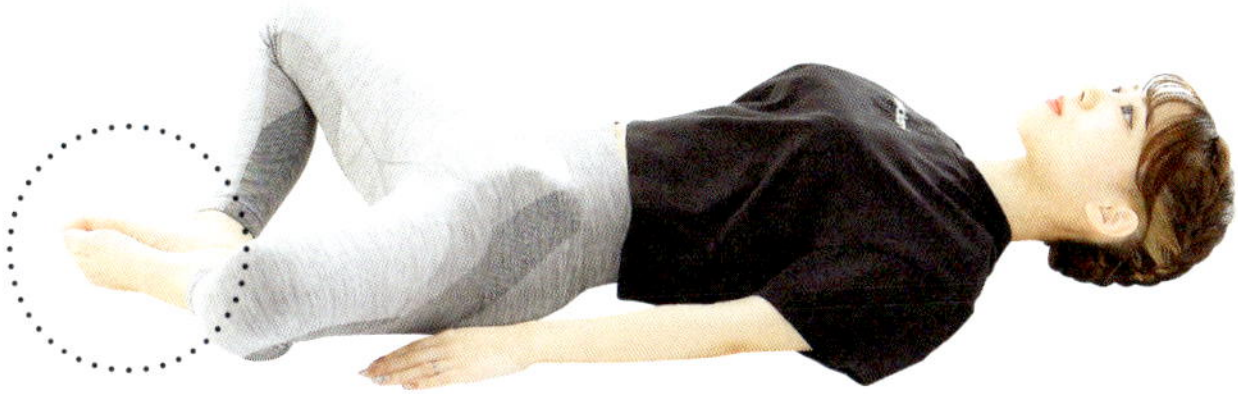
できるだけ、
足裏同士をくっつけて

02 足裏を押しつけ合うようにしながら、ゆっくりとお尻を上げ、10秒キープ。このとき、お尻が下がったり、腰が反ったりしないように注意。呼吸は止めずに、お尻とおなかの筋肉を使って、体勢をキープして。

目標 10秒

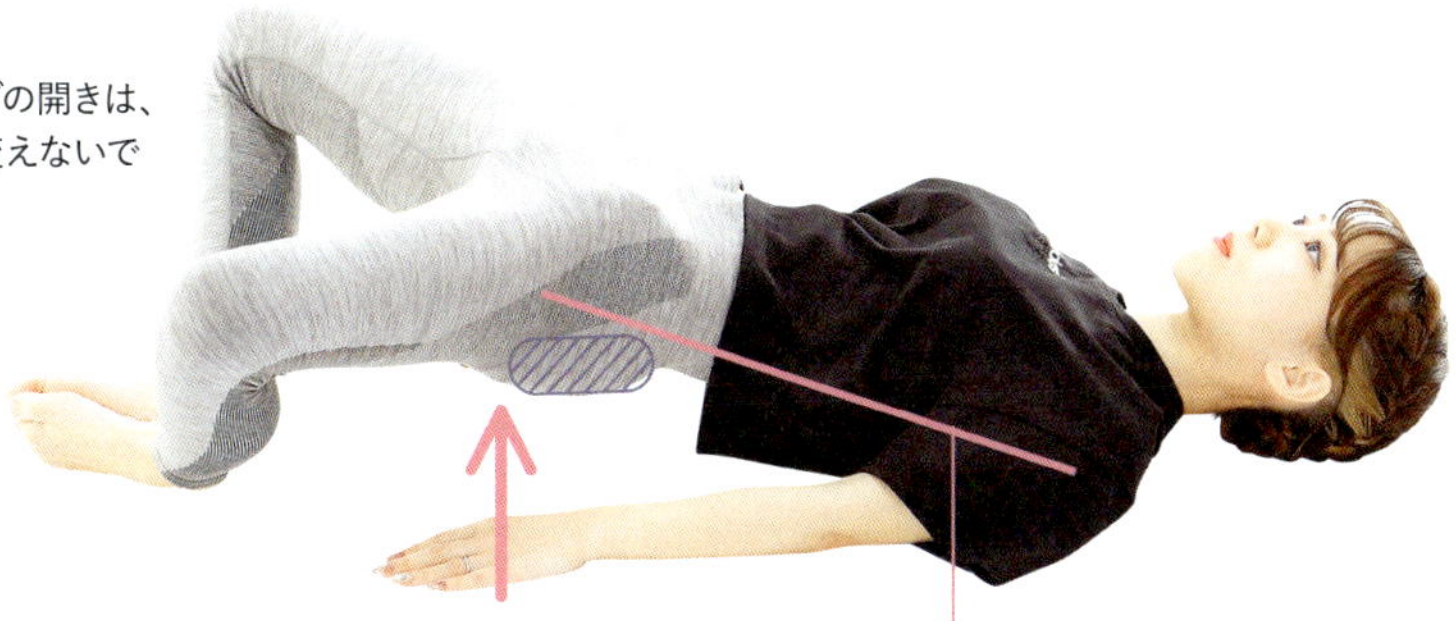
ひざの開きは、
変えないで
お尻の力でUP!
腰と肩が一直線に
なるように

前ももに効く！①

片脚上げ

小さい動きでも
じわじわ効く

太もも前側にある大きな筋肉を動かす
トレーニング。鍛えれば、代謝もアップ！

01

床に座ったら、両手をお尻の後方につく。片脚はひざを立て、反対の脚はまっすぐ遠くへ伸ばす。ひじもしっかり伸ばし、上体が倒れないように支える。息を大きくすって準備。

足先を遠くへ伸ばして

02

伸ばした脚全体を、息をはきながら、床から10cmほどアップ。このとき、太ももの筋肉を使って、股関節から動かすことを意識。息をすいながら、ゆっくり下ろしたら、これを10回くり返す。左右反対側も同様に行う。

目標
左右
各10回

脚を
上げ下げ！
太ももの筋肉を使って

前ももに効く! ②

脚上げクロス

下半身の厚みを
ダウン!

太ももを動かすことで、おなかやお尻も刺激。
ウエストやヒップも同時にシェイプアップ。

01

床に座ったら、両脚をまっすぐ伸ばし、手はお尻の横につく。手で支えながら、上体を少しうしろに倒す。体勢をキープしたまま、両脚を床から10cmほど浮かせ、ふくらはぎをクロス。息を大きくすって準備。

脚をピンと
伸ばしながら
クロス

02

体勢を維持したまま、呼吸は止めずに、左右の脚をチェンジ。太ももの筋肉を使い、足だけでなく、股関節から脚全体を動かすイメージ。つま先は、つねに遠くへ伸ばし、ひざを曲げないようにする。これを10回くり返す。

目標
10回

左右の脚を
上下にチェンジ!
太ももの
筋肉を使って

外ももに効く！

レッグアブダクション

内もものたるみを解消し、美脚に！

普段動かすことの少ない外ももを刺激。
たまった脂肪を、すっきり落とす！

01

横向きに寝たら、左ひじを床につき、上体をわき腹まで浮かせる。右手は、からだの前側につく。両脚をまっすぐ伸ばしたら、脚と脚のあいだを少し離しておく。息を大きくすって準備。

脚と脚の
あいだは、
少し離しておく

02

体勢を維持したまま、息をはきながら、右脚を高く上げる。このとき、外ももの筋肉を使って、股関節から動かすことを意識。息をすいながら、ゆっくりと脚を戻し、これを10回くり返す。左右反対側も同様に行う。

目標
左右
各10回

つま先が上に
引っ張られるイメージで
脚を大きく上げ下げ！
ゆっくり
くり返して

内ももに効く！①

レッグアダクション

太もものあいだに
隙間をつくる

たるんだ内ももをキュッと引き締めて、
スラっとした脚のラインに。

01

横向きに寝たら、左ひじを床につき、上体をわき腹まで浮かせる。いったん両脚をまっすぐ伸ばしたら、右ひざを曲げ、足を左ももの前側へ。右手で右足首をつかむ。息を大きくすって準備。

02

呼吸は止めずに、伸ばしている左脚を上げ下げ。動きは小さくてもいいので、内ももの筋肉を使って、脚全体を動かす。これを10回くり返したら、左右反対側も同様に行う。

目標
左右
各10回

ひざは正面に
向けたまま
内ももの筋肉を
使って
脚全体を
上げ下げ！

内ももに効く! ②

脚パカ

もう、むくみや冷え性に悩まない!

内ももはもちろん、下半身全体の引き締めに。
血流もよくなって、むくみや冷えの改善効果も。

ひざは、
軽く曲げてもOK!

01

あお向けになったら、床と垂直になるように、いったん両脚をまっすぐ上にアップ。上げた脚を左右に大きく開く。からだがブレないように、おなかにぐっと力を入れておく。息を大きくすって準備。

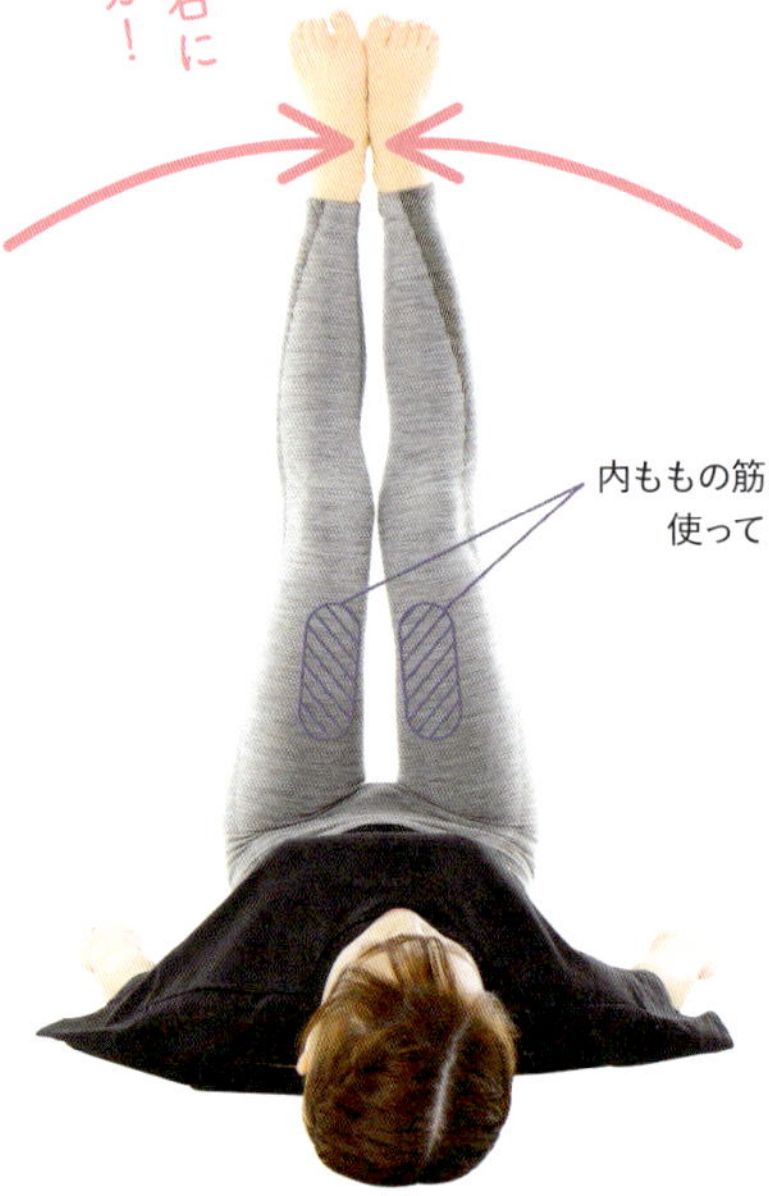
脚を左右にパカパカ!
内ももの筋肉を
使って

02

息をはきながら、開いた脚をゆっくり閉じ、息をすいながら、ゆっくり開く。これを10回くり返す。

目標
10回

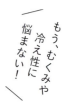

内ももに効く！③

脚パカクロス

脚のクロスで、内ももへの刺激アップ！
お尻やおなかの引き締めにも◎。

内ももだけでなく、
お尻にもアプローチ

ひざは、
軽く曲げてもOK！

01

あお向けになったら、床と垂直になるように、いったん両脚をまっすぐ上にアップ。上げた脚を左右に大きく開く。からだがブレないように、おなかにぐっと力を入れておく。息を大きくすって準備。

太ももからクロス！
内ももとお尻の
筋肉を使って
目標
10回

02

息をはきながら、開いた脚をゆっくり閉じてクロス。このとき、内ももとお尻の筋肉を使い、脚全体をクロスする。息をすいながら、再びゆっくり開き、息をはきながら、今度は反対の脚が前になるようにクロスする。脚を左右交互にクロスしながら、10回くり返す。

カーフレイズ

血流がよくなり
むくみも改善！

ふくらはぎを伸び縮みさせることで、
下半身にたまった血液を上半身へ！

目標
10回

背すじをまっすぐ伸ばして立ったら、片手を壁につける。その手でからだが倒れないようにサポートしながら、呼吸は止めずに、かかとを上げ下げ。これを10回くり返す。

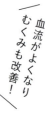

ふくらはぎに効く! ②

つま先ヒップリフト

脚の疲れや
だるさもすっきり

ふくらはぎを鍛え、血液を押し流す力を強化！
老廃物も流れるから、脚の疲れやだるさにも効果的。

01

あお向けになったら、ひざを90度に立てる。腕は体側に伸ばしておく。かかとだけ床から浮かせて準備。

かかとは床から浮かせて

02

かかとを浮かせたまま、お尻を床から引き上げ、腰から肩までが一直線になる位置で、呼吸は止めずに５秒キープ。このとき、お尻が下がったり、腰が反ったりしないことが大事。また、かかとをつけてしまうと、ふくらはぎに効かないので注意。

目標
5秒

かかとは浮かせたまま

腰と肩が一直線になるように

二の腕に効く! ①

ぐんぐんほぐれて、肩こりも改善

肩甲骨回し

肩まわりや二の腕まわりのこりは、脂肪の原因に。回すだけで、こりも疲れもすっきり!

ラクな姿勢で座ったら、ひじを曲げて、肩をうしろまわりに回す。このとき、肩甲骨同士を背中の中央に寄せるイメージで、大きく回すことがポイント。回すことで、こった筋肉がほぐれていく。呼吸は止めずに、30回くり返す。

目標 30回

肩を大きく
ぐるぐる!

二の腕に効く! ②

縮こまっていた筋肉が伸び、すっきり!

肩まわりストレッチ

二の腕と肩を、じっくり伸ばすストレッチ。前へ巻いていた肩を、もとの位置に。

腕がぐーっと伸びるのを感じて

ひじを内側へ
引き寄せる

目標 左右 各20秒

ラクな姿勢で座ったら、右手のひじを曲げ、手を背中側に下ろしておく。左手で右ひじをつかみ、ぐーっと左へ引き寄せる。右腕の外側が伸びるのを感じながら、呼吸は止めずに20秒キープ。左右反対側も同様に行う。

二の腕に効く！③

ひねる動きで、腕のたるみを解消！

うしろバイバイ

振袖のようにたるんだ二の腕のお肉を撃退。夏のノースリーブだって怖くない！

ラクな姿勢で座ったら、両腕をからだの後方へ伸ばす。バイバイをするように、両腕を大きくひねる。二の腕の刺激を感じながら、呼吸は止めずに1分続ける。手首だけを動かすのではなく、腕全体をひねって。

目標
1分

腕全体を使って
大きく動かして
腕をひねって
バイバイ！

二の腕に効く！④

たまった脂肪を燃やし、華奢な腕に

うしろ腕上げ

普段動かすことの少ない二の腕の内側を刺激。休んでいた筋肉が目覚めれば、脂肪も燃焼。

ラクな姿勢で座ったら、両腕をからだのまっすぐ後方へ伸ばし、手のひらを天井に向ける。手首だけでなく、腕全体を使って、呼吸は止めずに、大きく上げ下げ。これを1分続ける。腕が左右に広がると強度が弱まるので、まっすぐうしろへ伸ばした状態で行って。

目標
1分

腕全体を使って
大きく動かして
腕を上下に
動かす

ペットボトル上げ下げ

プルプル二の腕はもう卒業!

ペットボトルをダンベル代わりにして負荷をかけながら、
腕全体をすっきりシェイプ!

01

中身入りの500㎖のペットボトルを用意。ラクな姿勢で座ったら、左手でボトルを持つ。左手のひじを曲げ、ボトルが背中につくように、手を背中側に下ろしておく。息を大きくすって準備。

ボトルを
背中につける
おなかに
力を入れて
姿勢よく

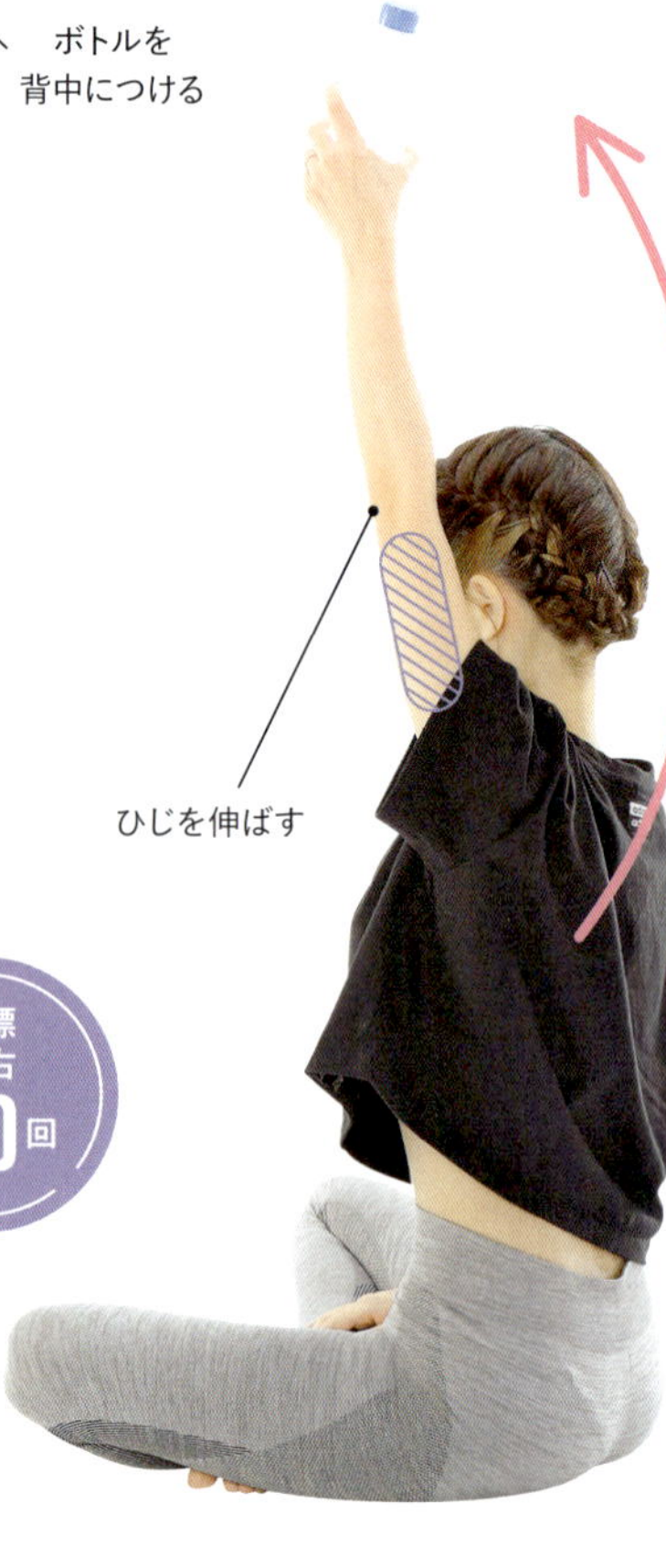
腕を頭上へUP!
ひじを伸ばす

02

息をはきながら左腕を伸ばし、ボトルを頭上へ。腕をしっかり伸ばしきったら、息をすいながら、もとの位置へ戻す。これを10回くり返したら、左右反対側も同様に行う。

目標
左右
各10回

脚のむくみ防止にも効果的！

デスクワーク中のこっそりトレ

ひざ同士は
くっつけて

つま先上げ下げ

ひざが90度になるように、イスに浅く座る。かかとは床につけたまま、つま先だけ上げ下げ。これを10回くり返す。むくみや疲れがたまりやすい、ふくらはぎの筋肉がすっきり。

目標 10回

ひざ同士は
くっつけて

かかと上げ下げ

ひざが90度になるように、イスに浅く座る。つま先は床につけたまま、かかとだけ上げ下げ。これを10回くり返す。ふくらはぎを伸ばすことで、脚の疲れやだるさも改善。

目標 10回

クッションを
しっかり挟む
足全体をUP!

目標 30秒

挟んでキープ

ひざが90度になるように、イスに浅く座る。ひざのあいだにクッションやタオルを挟み、それをギュッと押しつぶしながら、両足を床から浮かせ30秒キープ。内ももの引き締めに。

ダイエッターのリアルな疑問にお答えします！

Q&A

フォロワーさんから寄せられたお悩みに回答！

Q　ダイエットの“やめどき”が、わかりません。

A　ダイエットは一生続けるもの！　だから、やめることなくずっと続けることが大切です。でも、目標体重になったら、たとえば「100kcalオーバーまでなら食べてよいことにしよう」「ウォーキングの歩数を少し減らそう」など、ルールをゆるめてもOK。ただし、ダイエット前と同じ生活に戻ってしまえばリバウンド必至なので、注意してくださいね。もしダイエットに終わりがあるとしたら、「ダイエット中にしていたことを、ダイエットと思わないくらい自然に習慣化できるようになったとき」だと思います。

Q　これまで、いちばんやせた方法を教えてください。

A　私は、きのこ鍋やウォーキング、半身浴に大きな効果を感じました。でも、「何がいちばん効くか」は人それぞれだし、P28でお伝えしたように「何ならやせるか」より「何なら続くか」を考えるほうがずっと大事！「これでやせるわけない」と思うようなことでも、続ければ絶対に効果があります。それでも迷ってしまう人は、「健康によさそう」と思うことをやってみて。健康にいいことはダイエットにも◎だし、逆に太ることは健康にもよくないものです。

Q　モチベーションが保てません。いい方法はありますか？

A　モチベーションを維持する、いちばんおすすめの方法は「すぐクリアできる小さな目標をたくさんつくること」です。大きな目標を立てると達成するのに時間がかかり、その間にモチベーションが落ちてしまうことも。つねに小さな目標をクリアし続ければ、そのたびにモチベーションが上がるから、結果的にダイエットも続けることができますよ！

Q

やっても、やっても体重が減らない。もう、ダイエットをやらないほうが幸せなんじゃないかって思ってしまいます。

A すべての人に「やせること＝幸せ」が当てはまるとは限らないと思います。自分にとって何がいちばん大切かは人それぞれだし、「食べることが何より好き」なら、食べたいものを我慢する必要なし！　食べること、やせた自分に会えること、あなたにとって、どっちが幸せ……？　太っていても、やせていても、ぽっちゃりでも、本人が幸せじゃないと意味がありません。幸せを感じることを、無理にやめる必要なんてないんです。

頑張ったぶんは
しっかり休もう

Q

頑張りたい気持ちはあるのに、頑張れないんです。

A そんなときも、ありますよね。でも、それはすでに「十分頑張っているから」だと思います。頑張った日が続けば、そのぶん頑張る気力が残っていない日も当然訪れます。だから、しんどいときや、やる気が起こらないときは「与えられた休み」だと思って、ゆっくり休息してください。頑張れないときのベストな方法は、「休むこと」ですよ。

Q

体重がなかなか減らないとき、どうしていましたか？

A やせないときは、そのまま同じやり方を続けると、モチベーションが下がってしまうことがあります。少しやり方を変えたり、違うことを取り入れて、気分を変えてみるのもおすすめ。停滞しているときこそ、いろいろなことを試すチャンスです！

Q

やせたら、楽しいですか？

A 私は、めっちゃ楽しいです！　だからといって、太っていた頃が不幸だったかというと、そんなこともありません。だって、太っていたって誰にも迷惑はかけていないし。今の自分がハッピーなら、無理してやせる必要はないと思いますよ。ただ、私は「やせたら、今よりもっと楽しくなるんじゃないの!?」と思ったのでダイエットをしました。

「願った未来を作れるのは
今の自分の行動だけ!!」
nazu
最後まで読んでくださり
ありがとうございます!

おわりに

「ダイエット＝つらい」のイメージを変えたい

ダイエットは、我慢ばかりで
つらい、しんどい、楽しくない。
そういうものだと、ずっと思っていました。

だけど、今回のダイエットを経験し、わかったことがあります。

それは……
我慢ばかり、真面目に頑張るばかりのダイエットは
つらいし、続かないということ。
それと同時に、ダイエットは
考え方１つ、やり方１つでイメージが変わるということ。

私のInstagramは、見てくれる人たちみんなが
前向きに、ポジティブに、
一緒に楽しくダイエットを頑張れる、
そんな道しるべでありたいです。

きれいになりたいと願う、すべての方々の
「ダイエット＝つらい」というイメージが少しでも変わり、
みんなが楽しくボディメイクできたら嬉しく思います。

著者　**hazu**（はづ）

「ダイエット＝つらいのイメージを変えたい！」を合言葉に、SNSを通してダイエット情報を発信する、151cmのおちびダイエッター。運動音痴×万年ダイエッター×三日坊主常習者だったが、夫の出張中にダイエットを決意。楽しみながらダイエットに取り組み、10か月で−12kgに成功した。2019年10月から、Instagramで自身のダイエット記録を発信し始めたところ、大人気となり、Instagramでは60万フォロワー、SNS総フォロワー数は80万人を超える。現在は、トレーニングウエアのコラボや、ダイエット製品の開発に携わるなど、幅広く活躍中。

栄養監修　料理・スタイリング
片山愛沙子（かたやま・あさこ）
管理栄養士/フードスタイリスト

大学農学部を卒業。大学在学中から学生アスリートの栄養指導・栄養管理に携わる。卒業後は保育園に勤務。現在は雑誌やレシピ本、広告などのスタイリングを中心に、栄養監修やTV番組のフードコーディネートなど幅広い分野を手掛ける。

トレーニング監修
坂詰真二（さかづめ・しんじ）
スポーツトレーナー

NSCA認定ストレングス&コンディショニング・スペシャリスト。「スポーツ&サイエンス」代表。横浜市立大学文理学部卒。株式会社ピープル(現コナミスポーツ)で教育担当職を歴任後、株式会社スポーツプログラムスにてアスリートへのコンディショニング指導を担当。1996年に「スポーツ&サイエンス」を興し、指導者育成、メディアを通じての運動指導などで活躍中。

“つらいダイエット”をやめたらやせられた！
ラクやせ習慣ダイエット

2021年7月13日　第1刷発行

著者　hazu
発行人　中村公則
編集人　滝口勝弘
企画編集　米本奈生
発行所　株式会社学研プラス
〒141-8415　東京都品川区西五反田2-11-8
印刷所　大日本印刷株式会社

[この本に関する各種お問い合わせ先]
・本の内容については、下記サイトのお問い合わせフォームよりお願いします。
https://gakken-plus.co.jp/contact/
・在庫については　Tel 03-6431-1250（販売部）
・不良品（落丁、乱丁）については　Tel 0570-000577
学研業務センター　〒354-0045　埼玉県入間郡三芳町上富279-1
・上記以外のお問い合わせは　Tel 0570-056-710（学研グループ総合案内）

学研の書籍・雑誌についての新刊情報・詳細情報は、下記をご覧ください。
学研出版サイト　https://hon.gakken.jp/

〈STAFF〉
アートディレクション　江原レン（mashroomdesign）
デザイン　青山奈津美　田口ひかり（mashroomdesign）
撮影（人物・物）　斉藤秀明
撮影（料理）　土肥さやか
調理アシスタント　吉村佳奈子
マンガ・人物イラスト　成瀬 瞳
イラスト　meeg
ヘアスタイリング　土方証子
構成・文　柿沼曜子
校正　東京出版サービスセンター
DTP　グレン

※本書に掲載しているP106以外のアイテムはすべて著者本人の私物のため、お問い合わせはご遠慮ください。また、販売終了している可能性もございます。